好妈妈就是好老师

Good Mother is Good Teacher

毛日华◎编著

成都时代出版社
CHENGDU TIMES PRESS

图书在版编目（CIP）数据

好妈妈就是好老师 / 毛日华编著 .-- 成都：成都时代出版社，2017.6（2019.5 重印）

ISBN 978-7-5464-1855-1

Ⅰ . ①好… Ⅱ . ①毛… Ⅲ . ①儿童教育—家庭教育 Ⅳ . ① G78

中国版本图书馆 CIP 数据核字（2017）第 112915 号

好妈妈就是好老师

HAOMAMA JIUSHI HAOLAOSHI

毛日华　编著

出 品 人	石碧川
责任编辑	陈德玉
责任校对	李　航
装帧设计	范　磊
责任印制	干燕飞
出版发行	成都时代出版社
电　　话	（028）86618667（编辑部） （028）86615250（发行部）
网　　址	www.chengdusd.com
印　　刷	三河市嵩川印刷有限公司
规　　格	710mm × 1000mm　1/16
印　　张	17
字　　数	240 千字
版　　次	2017 年 7 月第 1 版
印　　次	2019 年 5 月第 5 次印刷
印　　数	1-8000
书　　号	ISBN 978-7-5464-1855-1
定　　价	36.80 元

一位好母亲抵得上百个教师

孩子是我们捧在手心稚嫩的幼苗，

需要好妈妈用爱的土壤栽培，

用智慧和汗水浇灌。

本书视角聚焦

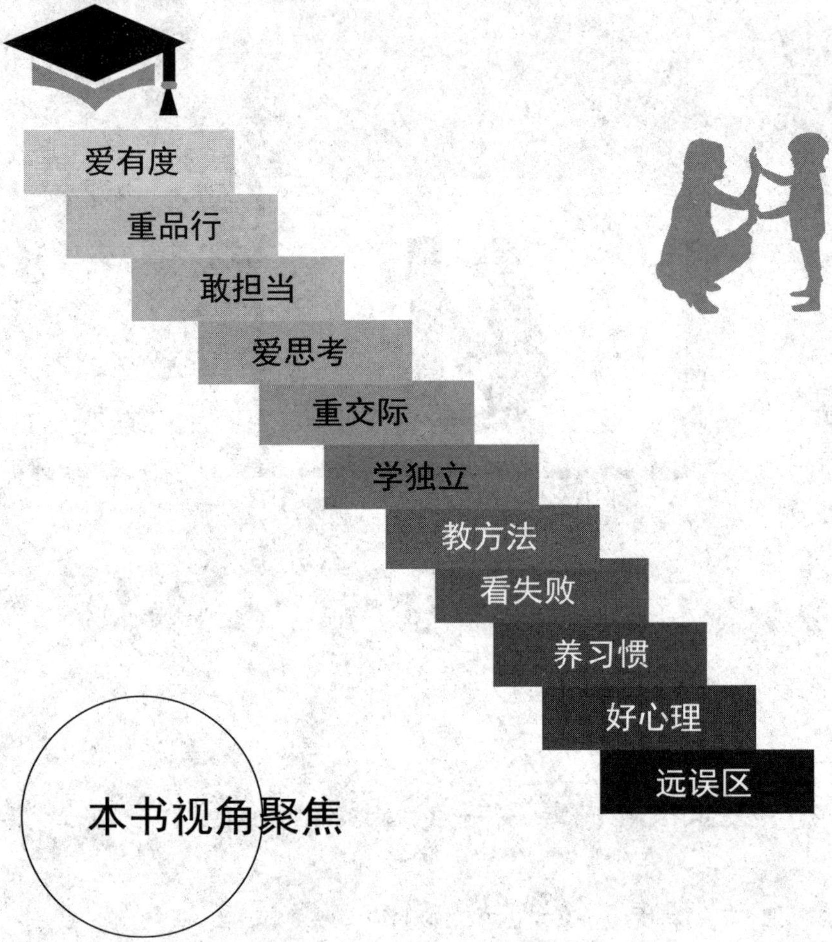

前言 preface

孩子的成长就像是成为陶瓷之前的黏土一样，具有很强的可塑性，家庭教育对孩子未来人生的走向以及成就的大小有重大的影响。之所以有的孩子表现得出类拔萃，有的孩子平平凡凡，很大程度上取决于家庭的教育。

孩子成长过程中的“第一所学校”就是家庭，“第一任老师”就是父母，而母亲在家庭教育中大多又占据着主导地位。孩子跟妈妈关系最亲密，相处时间也最久，因此，妈妈对孩子的教育十分重要，甚至可以影响到一辈子。作为孩子的妈妈，对孩子的言传身教和潜移默化的教育，作用与影响是不可估量的。在孩子成长的道路上，妈妈要正确认识和看待孩子成长的特点以及所需要的“营养”，多多注意自己的言行，不该说的话不说，不该做的事不做，力求用一种科学、严谨、高效的爱的教育来滋养孩子。

但是，在现实生活中，父母对孩子的教育总是走进这样或那样的误区，不能科学有效地助推孩子的成长，不能正确看待孩子成长过程中出现的问题，不能及时给予孩子所需要的帮助和引导……总之，家长在教育孩子时要么片面偏激，要么茫然无措，这都是不正确的，对孩子的成长都是极为不利的。

没有不成才的孩子，只有不会教的妈妈。妈妈如果不具备教育孩子的智慧，孩子的问题就会越来越多。好妈妈就是好老师，好妈妈对孩子的教育不仅仅体现在学习上，还包括品行、责任感、独立思考的能力、交际能力、独立自主的能力等方面，但前提是，妈妈必须首先具备这些素质。

好妈妈要用自己全部的爱心、关心、细心和耐心来浇灌自己的孩子，让自己成为孩子人生道路上那盏永不熄灭的明灯。

本书立足于家庭教育的实际，从生活的点滴细节入手，对妈妈们如何教孩子轻松有趣地学习给以指导，还将教会妈妈们如何提高自身素质，通过科学的教子理念和方法以及妈妈良好的自身影响力培养孩子自强自立、爱思考、善交际、懂礼貌等优秀品质，让孩子取得成功不骄纵，面对失败不抓狂。相信本书一定会对年轻妈妈们进行家庭教育有很大帮助！

目 录 Contents

第三章

敢担当：在责任与担当中培养孩子的血性

第四章

爱思考：用独特思维成就孩子未来的竞争力

第七章 教方法：好方法让孩子轻松学习

第八章 看失败：给孩子一个不抓狂的人生

第九章

养习惯：让好习惯成为孩子成长的助推器

第十章

好心理：当好孩子的心灵辅导员

第一章

爱有度：让孩子在适度的爱中快乐成长

对孩子管得太多，或对孩子过于放纵，都会造成孩子的逆反心理，孩子会讨厌这样的爱，家长与孩子的心理距离也会更远，而且还会让孩子做出一些“对抗”家长的行为，比如不听家长的话、妈妈让干什么偏不干什么、撒泼耍赖……所以说，妈妈的爱要适度才好！

理智地爱孩子，溺爱只会害了孩子

妈妈箴言

母亲，是世界上最伟大的人，母爱，是世界上最崇高的爱。身为妈妈，是孩子最亲的人，对孩子充满着无比的爱，但懂得把控爱的分寸是很重要的，有的妈妈没能把握好对孩子爱的分寸，让爱变成了溺爱，这样只会害了孩子。有道是：温室里长不出大的花朵，鸟笼里飞不出强健的雄鹰。溺爱是孩子成长的绊脚石，是一种温柔的“杀人器”。一个在溺爱环境中长大的孩子，性格容易扭曲，这对孩子身心健康发展是十分不利的。

成长故事

小高是某外企的一名职员，对儿子十分溺爱，孩子要什么就给什么。孩子上幼儿园时，要什么玩具她就给他买什么玩具，仅这些玩具每个月就要花掉1000元左右。但小高并不心疼，她觉得就这么一个儿子，多花点也无所谓。渐渐地，儿子就养成了见什么要什么的习惯，他觉得妈妈满足自己的欲望是理所应当的。上小学后，小高每星期给他100元零用钱，都不够他花。后来，小高升职了，工资也涨了，没想到得知这一消息的儿子第一时间找到妈妈，眼睛一瞪，气势汹汹地质问：“你涨了工资，为什么不给我加钱？”小高觉得不能再迁就他，坚持不再多给。儿子却狠狠地说：“你会后悔的。”

第二天上午，小高接到了儿子班主任的电话，让她去学校一趟。小高急忙来到学校，看见儿子正理直气壮、一脸不屑地站在老师旁边，小高问老师出了什么事，老师对她说她儿子偷了同学的东西，被人发现后还对同学大打出手，老师批评他不仅丝毫不起作用，还顶撞老师。小高听到这，再看看儿子的表情，顿时觉得手足无措！

好妈妈如是说

这就是溺爱的结果，造成这种可怕后果的原因是妈妈无限制地满足孩子的物质贪欲，从而导致孩子的贪欲恶性膨胀，难以自制。一旦欲望得不到满足，孩子就容易走向极端。

其实，孩子的很多不良习惯和不良行为，都与家长的娇惯、溺爱有直接关系。溺爱并不是爱孩子，而是把孩子往火坑里推。被溺爱的孩子很难遵守规矩和约定，他们以自我为中心，凡事只想到自己，觉得规矩都是为别人制定的，与他们无关。苏联著名教育家安·谢·马卡连柯说：“子女固然会因父母给予的爱不足而感到痛苦，但他们同样会因为那种过分洋溢的伟大感觉而腐化堕落。”

中国有句古话，“惯子如杀子”。可以说，这话是非常中肯的。父母要知道，溺爱孩子，是在害孩子。儿童时代，孩子们无法独立处世，他们处在正规教育的预备阶段，这个时候，做家长的应该给予他们一定的保护和关怀，但绝不能溺爱，尤其是家庭孩子比较少的今天。每一位做父母的，都应该让孩子从小就懂得，他们和父母一样是作为独立的人而存在的，应该从小就培养自己解决问题的能力，而不是处处依赖别人。

爱孩子不能没有原则，爱不是简简单单的给予，“爱”需要“施爱”

者理智。任何爱都不应想当然地给予，而应在深思熟虑之后再做出决定。只有给予孩子合理的、正确的爱，才能让孩子拥有好性格。

适度爱孩子，要做到以下几点：

1. 对孩子的无理要求不要一味迁就

孩子依赖性强，不能自立，大多是由于妈妈对孩子过分宠爱造成的。很多时候，家长都以为孩子小不懂事，于是在孩子提出不合理要求时，一味满足。其实，这是一种错误的做法，只有让孩子自幼培养自我约束力，学会控制自己的不良欲望，明白不合理的要求是不可以被满足的，长大后才不会形成肆意妄为的性格。妈妈应当对孩子的要求和需要进行分析、判断，绝不能感情用事，一味姑息迁就。

2. 放开双手，让孩子独自面对困难

孩子如果生活在温暖的怀抱里，没有独立生活的能力，就不可能正确面对生活中的各种挫折，无法适应日益复杂的社会，也就更谈不上建功立业了。

放心地撒开你的双手，孩子的自立能力才能得到锻炼。要让孩子动手做自己应该做的事情，不要怕他们在做的过程中出现差错。多次实践之后，孩子很快就会成熟起来。家长要相信孩子具有学习社会生存技能的天资，要培养孩子自己动手的兴趣，逐步教给他们做事的基本技能，给孩子创造一个学习自立的良好家庭环境。

3. 不要过度保护孩子

过度保护会阻碍孩子独立性的发展，孩子在成长的过程中，必须要经历一些磨难，这是一种规律。“酸甜苦辣都是营养，生活百味都要体验。”如果把磨难和体验全部省略了，一切都替孩子包办，看上去是顺利了，舒适了，结果却使孩子软弱而闭塞，胆怯而无能。所以，爱孩子要适时地放手，让孩子学会独立面对成长中的困难和问题。

被孩子接受的爱才是孩子幸福的源泉

妈妈箴言

有些孩子内心冷漠，也许是因为得不到妈妈的关心，也许是不接受妈妈的关爱，也许是接受不了妈妈关爱的方式。他们总是感受不到温暖，也感受不到生活的幸福。在生活中，一个好妈妈要让孩子接受自己的爱，孩子才能沐浴在幸福的阳光下。

成长故事

漂亮机灵的梅子是妈妈的心肝宝贝，妈妈把家里所有的好吃的都留给她吃，给她穿最好看的公主裙，给她比同龄小朋友更多的零花钱，但是，渐渐长大的梅子越来越不喜欢妈妈给的东西，例如她不喜欢吃妈妈给她买的巧克力蛋糕，不喜欢妈妈经常要她穿的泡泡裙，不喜欢妈妈因为害怕她受伤而不让她和小朋友去玩游戏……梅子向妈妈抱怨了很多次，但是都没有效果，妈妈依然按照自己的意愿给梅子这些她不喜欢的东西。久而久之，梅子开始讨厌妈妈，她不再喜欢笑了，也不再对妈妈给的东西感兴趣，她甚至觉得妈妈不像以前那么爱她了。

梅子妈妈无疑是非常爱她的，爱孩子是每一个妈妈的本能反应，但是有爱不代表就能让孩子感到快乐，不代表孩子就能感受到生活的幸福。妈妈的爱，只有被孩子接受了才能让孩子感到幸福。

好妈妈如是说

既然爱要以孩子的接受为标准，那么，作为一个母亲，平常就应该多思考：孩子想要的到底是什么？怎么表达爱，孩子才更容易接受和理解？生活中总是有些妈妈，宁可自己省吃俭用，也要让孩子在物质上应有尽有，但在精神上却经常忽略孩子的需求，对孩子的情感和人格缺乏应有的尊重，这样很难让孩子体会到妈妈无私的爱。所以，作为孩子的妈妈，应该尽可能多地和孩子在一起。每个孩子都需要从妈妈那里得到足够的重视。在每天工作之余，妈妈要腾出一些时间陪孩子做游戏，和孩子一起读书，为孩子提供接触外界的机会，学会倾听孩子的心声。与孩子谈话也为妈妈提供了一次了解和教导孩子的机会。这样，妈妈就能够在第一时间知道孩子到底需要什么，怎样的爱他们才能接受。

那么，我们应该怎样做才能让孩子冷漠的心感受到温暖，感受幸福呢？

这说难不难，说简单也不简单。面对生活中日渐冷漠的孩子，想让他们感觉到爱的幸福，要一步步融化孩子的冷漠。

1. 让孩子从身边的小事做起

身边的小事有很多，比如，每天上学前跟妈妈说一声再见，多给朋友一个微笑，帮助有困难的小朋友，多看一眼今天明媚的阳光等。这样做，可使孩子得到爱与热情所带来的充实和快乐。

2. 带孩子参加奉献爱心活动

妈妈可以带孩子参加捐助“希望工程”、美化校园等活动，让孩子去感受这些活动带来的幸福感与成就感，增强孩子的爱心。

3. 强化孩子的“热心”行为

当孩子礼貌地向客人打招呼，当孩子将自己的玩具、零食和小朋友分享，当孩子把自己的新书送给贫困地区的同学……当孩子出现这些“热心”行为时，父母应及时表扬夸奖孩子。俗话说：“心中有了善就不易生恶”，在强化孩子“热心”行为的同时，就抑制了“冷漠”心态的滋生。著名的女作家刘继荣在这方面做得很棒，她每个周末都会带着孩子去广场上帮助有困难的人。时间久了，孩子就养成了一种习惯，每当别人遇到困难的时候，他就会主动去关心。在帮助别人的同时，孩子也感受到了一种快乐。

4. 训练孩子的“同理心”

所谓同理心，是指能站在他人的立场，从他人的角度去思考问题，去体验情感，也就是能设身处地想他人之所想，急他人之所急，乐他人之所乐。例如，可以开展“假如我是……”的角色换位活动，使孩子理解、体验假想角色的内心感受，改变原来的冷漠态度。一位下岗职工的孩子正是通过“假如我是下岗的妈妈”的角色换位活动，体验到妈妈的烦恼，认识到妈妈的不容易，从此改变了原来的做法，与妈妈的心贴得更近了。

另外，妈妈要想孩子更多地去感受生活的幸福，还应该让他明白：人活着不只是为了享乐，人存在的最大价值在于被他人需要。这股被需要的力量会促使他不惧怕面前的困难和挫折，勇往直前。被别人需要，是人的一种天性，也能体现出一个人的价值。在某些特定情况下，一个人如果不被别人需要，生存也就失去了意义。

只要妈妈的爱能让孩子接受，融化他那颗冷漠的心，同时让孩子感觉到自己是被别人需要的，那么孩子的内心就会充盈，从而感受到幸福。

以信任触动孩子的心灵

妈妈箴言

苏霍姆林斯基曾说：“教育技巧的全部诀窍就在于抓住孩子的上进心，这种道德上的自勉。”教育的最终目的是唤醒孩子内心深处的潜力。在家庭教育过程中，妈妈要做的并不是反复的唠叨、怀疑和监督，而是要给予孩子更多的信任和期待，这是促使孩子上进的主要动力之一，是孩子改正错误、更好前行的信心和力量。一旦得到这些，孩子们就会变得更聪明、更有智慧。

成长故事

萍萍的爸爸对萍萍管教特严，经常询问萍萍每天都做了什么，导致萍萍很害怕爸爸。一天，萍萍看到小伙伴都有一个好玩的玩具，她也想要，可她不敢向爸爸开口，而妈妈恰巧又不在家。

于是，萍萍就偷偷拿走了爸爸抽屉里的50块钱。第二天，爸爸发现自己的钱不见了，就质问萍萍是不是她偷偷拿的，萍萍只是低着头不说话，但是妈妈给爸爸使了个眼色，大声制止了爸爸：“我相信萍萍，她绝对不会没打招呼就拿我们的钱的。”

萍萍听了妈妈的话之后，非常羞愧。后来，她偷偷把50块钱塞回了爸爸的抽屉里。爸爸也觉得妈妈的做法很棒。

好妈妈如是说

信任是人与人之间的一种亲密关系，追求他人的信任是一种积极的心态，是每个正常人的普遍心理，也是一个人奋发进取、积极向上、实现自我价值的内驱力。对孩子来讲，妈妈的信任是最真实、可靠的。妈妈的信任意味着关爱、重视和鼓励，这是真正触动他们心灵的动力。

具体来说，要记住以下几点。

1. 信任孩子，培养孩子的自信心

你相信孩子，孩子就相信自己。有位哲人说："自信心是每个人事业成功的支点，一个人若没有自信心，就不可能有所作为。有了自信心，就能把阻力化为动力，战胜各种困难，敢于夺取胜利。"因此，要信任孩子，注重培养孩子的自信心，要引导孩子尊重别人但不迷信别人，要用科学的态度对待别人的成功与失败。要告诉孩子，正确看待自己的进步，要有成功的自信心。

2. 孩子犯了错误，也要一如既往地信任

当孩子犯了错误时，妈妈一定要控制好自己的言辞和行为，不要过于偏激，更不能无原则地去斥责和批评孩子，正确的做法是要循循善诱，晓之以理，动之以情，和孩子共同面对问题，一起解决困难，指出孩子犯错误的原因以及造成的危害，然后帮助孩子改正错误。在人的一生中，完全不犯错误的人是不存在的，尤其是孩子在初步建立人生观和道德观的阶段，最容易犯错误。作为孩子最亲密的人，要充分理解他们、信任他们，引导他们走上正确的道路。

3. 信任孩子就要和孩子一起面对挫折

在日常生活中，对孩子的一切，切忌热心包办和冷淡蔑视。凡是孩子能做的事，只要是有益的，妈妈就应支持他自己去做。孩子缺乏经验和技术，有时失败了，或者有什么失误，这是正常现象。当孩子遇到挫折和失败时，妈妈应多进行安慰和鼓励，帮助他找出原因，把事情做好，不丧失自信心。

总之，妈妈和孩子之间应该建立起朋友关系，像挚友一样相互信任、相互平等、相互尊重。在生活上，孩子要依靠家长来抚养自己，更需要阅历丰富、愿意倾听并能够给予自己忠告的朋友来帮助自己。如果家长现在还没有和自己家的孩子建立起平等信任的朋友关系，那么从现在起，双方坐到一起，进行一场开诚布公、推心置腹的沟通和交流。在亲子沟通中，妈妈和孩子可以把彼此的想法告诉对方，这样就会使亲子关系更近一步，有利于消除隔阂、跨越代沟。其实，妈妈应该同孩子做朋友，与孩子交往是一件乐趣无穷、非常开心的事。

讽刺是扼杀孩子自尊心的杀手

妈妈箴言

不管大人还是小孩，其实都一样，当受到表扬时就心情舒畅，比平时更能发挥才能。若没有受到表扬，受到了讽刺，就很难鼓起干劲。教育孩子也是一样，要多表扬，少讽刺。

在教育孩子方面，表扬的效果是非常大的。这是因为孩子积极努力多是为了得到可信赖的人的表扬。妈妈就是这个可信赖的人。一旦想得到表扬的愿望没有实现，孩子就可能产生失落的情绪。

成长故事

一名做部门主管的妈妈，做事雷厉风行，平时工作总是很忙。一天傍晚，她正准备参加公司的年会，恰巧上小学的儿子刚从学校回来，手里还拿着一张考试卷。妈妈拿过来一看，是60分，于是，嘲讽道："我花那么多钱，你就考这样的成绩，闭着眼睛答的题吧？"这位妈妈着急赶时间，说完就走了。自那次以后，这个孩子开始疏远妈妈，态度冷漠，对学习也不十分用功了。

好妈妈如是说

讽刺是扼杀孩子自尊心的杀手。在家庭教育过程中，任何一种批评不仅仅是为了改正孩子的错误，更多的是要激发孩子的上进心，促使他做出好的、正确的行为。如果妈妈在批评孩子时使用了讽刺的语气或者是字眼，就会对孩子产生一种消极的心理暗示，严重挫伤孩子的自尊心，甚至会一语成谶——越是讽刺，孩子越是不行。所以，在与孩子交流中，妈妈要慎用讥讽的语气、言辞，懂得维护孩子的自尊心，多夸赞少讥讽。

遗憾的是，有的妈妈却故意说些带污辱性的话，想要以这种方式激励自己的孩子。如"像你这么笨，将来怎么能有出息""看你那德行，我都替你害臊"等。这些讽刺是不会产生积极作用的，只能把孩子的自尊心一点一点地蚕食掉，让孩子掉入自卑的深渊。换言之，因为你的讽刺，使孩子在同龄人面前总有一种自愧不如的感觉，总认为自己不如别人，失去了向上的动力……

假如妈妈爱给自己的孩子贴上不好的标签，那么只能使孩子失去自尊和干劲儿，受到打击，感觉自己无立足之地。

讽刺声中带着轻蔑的成分，无论年纪大小，都能够感受得到。意识到自己成为嘲讽的对象时，孩子都会变得难堪。如果讽刺情况持续下去，孩子很容易变得畏缩、胆怯，性格开始倾向内向，变得沉默。而一旦孩子变得过分谨慎，性格就极有可能会朝着脆弱、敏感的方向发展。养成这种性格的孩子，几乎经不得外界一点风吹草动。即便是别人无意间的一句玩笑话，都会让他们因为内心的自卑感而身陷痛苦的境地，影响一生，甚至会为此付出惨痛的代价。

如果孩子被其他人讽刺和嘲笑，宝妈们可以通过以下几点鼓励孩子战胜自卑，重拾信心。

1. 耐心倾听孩子的诉说

如果孩子在外面受到了讽刺，妈妈要认真地听孩子讲述事情的整个过程。听完孩子的诉说，妈妈可以说："儿子，是不是觉得心里有些难受？"不要做任何判断，先直接把孩子的感受说出来，这样可以让孩子感觉找到了心理依托，进而会对妈妈产生信任，从而让孩子能够毫无顾虑地说出自己的感受，说出自己的感受之后，孩子就会感觉好了很多。

2. 和孩子商讨对策

如果孩子在外面受到了讽刺，妈妈可以开导孩子，比如："我小时候也遇见过这样的事。"因为孩子受了委屈，遭到别人戏弄、讽刺，心里一定非常难受，而当他听说家长小时候也有过同样的经历，就会让他有一种找到知音的感觉，觉得自己并不孤单，同时他也会愿意继续听下去。当然，妈妈先不要急于告诉他应该怎么做，最好鼓励孩子自己解决，必要时可以适当引导，比如，"下次再遇到这种情况，我们该怎么办呢？"孩子成功地解决问题后，失落感变成了成就感，自尊心自然也就恢复了。

3. 给孩子心理上的支持

宝妈们也可以试着站在戏弄者的角度，告诉孩子："儿子，也许你很难相信，其实那个小朋友这样说可能是因为考虑太不周全，或者有什么不开心的事情，你不要放在心上。"为什么要这么和孩子说呢？因为这可以使孩子认识到那个小朋友自身也是有缺陷的，也会犯错误。切记，不要诋毁对方，不要让孩子敌视对方。

4. 问问孩子接下来该怎么办

如果经过安抚和引导，孩子的情绪稳定下来了，妈妈可以问孩子：“你需要妈妈为你做什么呢？”多数孩子会说不需要，因为他们觉得事情已经过去，自己不太难受了，家长的介入反而会把事情弄得很复杂。

相反，如果孩子讽刺别人，妈妈们也要有所察觉。当然，打骂绝对是不对的，简单地警告一声“别那么说”或者“那样不礼貌”也不够，应当引导孩子“换位思考”。当自己家的孩子挖苦和嘲笑别的小孩时，可以这样对孩子说：“想想如果是他嘲笑你是个大笨蛋，你会怎么样”或者“你这样说人家，看看人家多不好意思呀”，只有让孩子学会体谅、学会善待别人，以后他就不会随便嘲讽别人了。事实证明，那些由妈妈陪伴并且让他们知道“我就在你身边，我能理解你”的孩子，往往更具备同情和善良的品质。如果孩子自己体会到这种情感上的相通，就会明白什么是推己及人和与人为善。

爱孩子从赞美开始

妈妈箴言

用欣赏的眼光赞美孩子，随时随地准备为孩子喝彩，是好妈妈送给孩子最好的礼物。妈妈若期望孩子成才、成功，最佳的办法就是：永远做孩子的欣赏者，培养孩子的自信，欣赏孩子的才华。

成长故事

一帆上幼儿园的时候总比其他的小朋友思维慢半拍，妈妈曾为此感到非常担心，害怕儿子以后学习会跟不上。后来，一帆上小学了，妈妈就不断地鼓励他，经常夸奖他“一定能行”“一帆是最棒的”。正当妈妈为儿子的智商担忧时，一帆却带回了一张100分的试卷。

“你竟然考了100分？”妈妈非常吃惊，简直不敢相信这是一帆的成绩。

“当然，我考了100分！”一帆自豪地对妈妈说。

“一帆，真棒！那能告诉妈妈你是怎么考出这么好的成绩的吗？”妈妈问道。

“虽然老师讲课的内容我经常听不太懂，但是我会利用课余时间去问老师。当下课同学们都出去玩的时候，我就拿着不懂的题目让老师再给我讲一遍，这样，慢慢地，我就全懂了！做作业之前，我先把老师讲的课再复习一遍，这样遇到曾经不会做的题，现在也就会做了。这次考试的那些题目都是以前老师给我讲过的，我又经过复习。所以都会做，当然能考100分了。”一帆高兴地对妈妈说。

听了一帆的话，妈妈很为努力学习的儿子感到自豪。是啊，即使孩子比不上别人聪明，但通过勤奋努力，一样不比别人差。

好妈妈如是说

中国孩子很少得到赞美，究竟是为什么呢?

造成这种情况的原因大致有三种：一是受中国传统家庭教育思想的影响，对孩子批评的次数要远远大于表扬，好像只有批评才能使孩子进步。有一个词语叫“鞭策”，就是鞭策着前进，这是中国教育思想的一个写照。即使对孩子很满意，极有赞美之意，也是很含蓄地存在心底，不溢于言表。二是有的家长缺乏对孩子的确切了解，对孩子的期望值过高，不管孩子如何努力却总达不到妈妈的要求，又怎能得到妈妈的赞美呢？三是有的家长只注重孩子的吃穿，对孩子成长中的精神、行为、习惯等缺乏全面的关心和了解，不善于发现孩子的优点和长处，故对孩子的赞美少之又少。

“良言一句三冬暖，恶语伤人六月寒。”一句真诚的话语会令人感到温馨、使人感激，真诚的赞美更会给人信心、给人力量、催人奋进。台湾作家林清玄曾在报纸上发表过一篇文章，极力赞美一个小偷的技艺如何高超、脑瓜如何聪慧，并真诚地感叹如果此人将智慧和能力用在正道上，肯定能成大事。恰巧此文章被小偷看到，感动之余，洗心革面，重做新人，几年之后成为一个享有盛名的企业家，此赞美的神奇功效让人叹为观止。

俗话说，不以成败论英雄。作为家长，应多关注孩子努力的过程。如果你细心观察孩子的行为过程，就会发现其中的许多美妙之处。如妈妈只注重结果，可能什么都看不到，因为孩子的行为结果可以说是没有什么社会价值的，他们通常是为体验过程而去做某些事情的，但这也正是孩子的可爱之处。

所以，平日里要注意多赞美孩子，当然，赞美也要讲艺术。赞美的艺术性还需要通过一定的技巧来体现，下面的几个方法不妨一试。

1. 由衷地赞美

孩子独立完成了一件作品，满含期待地希望得到妈妈的表扬，可妈妈看都没看就说好。这种敷衍式的反应会让孩子感到很扫兴，让孩子心生失望，挫伤孩子的自信心，孩子不可能从中得到愉快的体验。

2. 具体地赞美

对孩子的赞美要具体、明了，指出孩子什么地方做得最好，有针对性地赞美，最好是多鼓励孩子努力的过程。让孩子将努力的过程和结果联系起来，让孩子懂得成功是用努力换来的。

3. 及时地赞美

当孩子做了一件值得夸奖的事，妈妈应该及时地赞美，让孩子很快获得积极的情感体验，更好地促进孩子的下一步努力，达到更好的效果。如果一时忘记了，就应该设法补上去。

总之，宝妈们要掌握一定的技巧，学习赞美的艺术。要想让孩子生活在和谐、温暖、相互信任、相互赞美的氛围中，使孩子养成健康向上的心理，能积极主动地面对生活中的种种问题，从而使孩子的人生旅途充满笑声、掌声，充满着决心和信心，那就要学会做赞美孩子的好妈妈，让你的赞美成为承接孩子昨天的成绩与明天的进步的加油站。赞美其实是一种艺术的体现，要想演绎好这门艺术，必须要有一双善于发现的眼睛。

不要盲目满足孩子的要求

妈妈箴言

一味地迁就孩子，盲目地满足孩子的所有要求，并不能培养出一个优秀的孩子，相反，还会使孩子成为一个自私自利、蛮横无理的人。所以，对于孩子的要求，妈妈不要一味地迁就，不要他说什么就是什么，好妈妈应该学会去分辨是否合理，然后再给予他答复，这样，孩子才会懂得合理地提出自己的要求。

成长故事

涛涛放学一回家，就嘟着嘴说："妈妈，你看看浩浩，他的遥控飞机多棒啊！"妈妈说："前段时间舅舅不是也送了你一个吗？"涛涛说："我的太低级了，我要买个比浩浩更好的。"妈妈嗔怪说："你的也是好几百买的，不低级啊。"

涛涛不听，跑去找奶奶要。奶奶最疼他，听他一撒娇，马上答应给他买个更好的。

妈妈见了，感到很无奈。涛涛的脾气，就这样被一点一点惯坏了。

好妈妈如是说

孩子自控力差，有时候分明自己已经有了，还见到喜欢的就想要。很多妈妈出于怜爱，常常选择满足孩子的要求。其实，这种情况下，妈妈应该坚持原则，不要助长孩子的坏习惯。具体而言，应注意以下几点。

1. 分析孩子的要求是否合理

孩子提出要求时，妈妈首先应分析一下他的要求是否合理。如果合理就要适当地满足他，如果不合理，就要做到以理服人，使用合理的理由使他信服。比如，孩子想要买奢侈品，妈妈就要让他明白，奢侈品不仅浪费金钱，而且会使人虚荣、堕落，最终会害了他。总之，给孩子以信服的理由，而不是单纯地拒绝，孩子接受起来就会容易得多。

2. 不迁就孩子，言必信，行必果

孩子经常会提出一些无理要求来挑战妈妈的耐心。如果不满足他，他就会又哭又闹；如果轻易地满足了他，只会让他变本加厉。为了避免出现这种状况，我们对孩子的承诺一定要兑现，言必信，行必果，对于该坚持的原则也一定要坚持，不能因为孩子哭闹而心软，也不能因为自己心情好而对孩子网开一面。这样，妈妈才能建立起威信，让孩子明白要赖是无效的，也就不会提出那么多不合理的要求。

3. 让孩子学会为他人着想，不再自私自利

有的孩子在家非常任性，全家人无论什么事情都得顺着他，此时妈妈要对孩子严加管教，不能见不得孩子吃一点苦、掉一滴眼泪，另外也要让孩子学会付出，学会感恩，学会帮助他人，妈妈在这些方面也要做好榜样，这样就能逐渐帮助孩子克服自私自利的坏毛病。

4. 严格要求孩子

妈妈应从小要求孩子严格遵守规矩。当然这在一开始的时候会有些困难，看似不近人情。但只要坚持、循循善诱，孩子一旦养成习惯就能自觉遵守了。

5. 对孩子的无理要求进行冷处理

孩子的不合理要求一旦被拒绝，他往往会以哭闹相威胁。这时候，妈妈可以尝试进行冷处理，跟他讲一遍拒绝他的理由，然后再去做自己的事情，不理睬他的哭闹行为。当然了，在这个过程中，一定要注意孩子的安全。久而久之，孩子在心里就会明白，对于那些不合理的要求，哭闹是无济于事的，也就不会再提出无理要求。

6. 与家人合力一起管教孩子

家人的行动必须要一致，不能像上面案例那样，虽然妈妈严格管教了，但是奶奶那边又心疼了。要与老人沟通，告诉老人不能溺爱孩子，全家要一致行动。这样才能让教育达到良好的效果。

第二章

重品行：把好品行沉淀成孩子成功的钙质

品行就是一个人的道德智商，人的品行是建筑人格大厦的基础，没有品行，知识、智慧、财富、权势都将显得苍白无力。优秀的品行是成就大业的前提和基础，对于尚属一张白纸的孩子来说，品行教育尤为重要。

培养孩子的“仁爱之心”

妈妈箴言

孔子说：“仁者爱人。”爱，是人与人之间的相处之道。所谓爱，不仅是要爱自己还要爱别人。但是，在现实生活中又有多少孩子能做到爱别人呢？只知索取，不知付出；只知爱己，不知爱人，是当前独生子女的通病，情况让人担忧。

成长故事

小罗姆是全家关注的焦点，妈妈对他关怀备至。可是，小罗姆除了自己，谁也没放在心上。妈妈生病了，让他倒杯水喝药，小罗姆说自己正在看动画片，没空；爷爷奶奶来家里了，他只顾着自己吃好吃的，没有一点儿要让爷爷奶奶吃的意思，更是对爷爷奶奶的关心不理不睬……为此，妈妈批评了他，可他噘着小嘴说：“这些东西本来就该我吃的，爷爷奶奶又不爱吃！哼！”小罗姆在这种行为就是缺乏“仁爱之心”。

好妈妈如是说

“人之初，性本善”，善良和同情本是孩子的天性。可越来越多的孩子表现出自私、冷漠、无情的一面，这与后天的教育和社会环境存在很大关系，尤其是家庭环境。

“仁爱之心”是孩子终身受益的品质，那么妈妈应该如何让孩子重拾“仁爱之心”呢？

1. 引导孩子关爱身边的人

在孩子的生活中，亲人、邻居、老师、同学都是孩子最为亲近的人，我们要引导他去关爱这些人。如亲人生病了，让他去看望一下，或者打电话问候一声；老师嗓子沙哑了，给老师端杯水润润喉；同学摔倒了，让他去拉一把并安慰安慰；家里有好吃的，让他送点给邻居等。做这些事情花费不了孩子多少时间，但这些细节行为却能让孩子的内心堆积起一座仁爱的高山。

2. 让孩子养一些小动物

在自然界中，很多动物完全是无助的，有些人在用各种方法剥夺动物的生命，显示着人类自私、冷酷的一面；而有些人却用一片爱心喂养着流浪的小猫、小狗。我们也可以让孩子养一些小动物，如小鱼、乌龟、小鸡、小鸭、小鸟以及猫、狗等。想让这些小动物每天生龙活虎，孩子就要付出一点时间、精力。在付出中，他们也就收获了爱心、善良以及责任感等，也能让孩子对生命有所感悟，从而珍惜生命、热爱生命。

3. 让孩子学会移情

有一个成语叫感同身受，即别人悲伤、痛苦时，我们能理解、能体会，如同自己感受到一般。为什么会这样？这是移情的结果。对孩子爱心的培养，我们也可以运用移情让他感同身受。当孩子看到另一个孩子因丢失物品而难过时，我们可以让孩子想想他自己的经历，他可能就很容易理解这个孩子的感受，并因共同经历而同情甚至安慰对方。当孩子学会移情，能够感同身受之后，他就会爱更多的人。

教孩子进行积极的自我暗示

妈妈箴言

要想让孩子真正受到暗示教育的良好影响，就要让他早日学会进行积极的自我暗示，从而增强他的自信心。这样一来，即便我们不在孩子身边，他也能随时调整自己的情绪、心态，从而以良好的情绪和心态面对周围的一切。

成长故事

艳艳上四年级了，老师推选她参加学校组织的演讲比赛，由于艳艳从没有在全校师生面前演讲过，所以非常紧张，对自己也没有自信。

后来，妈妈看出了艳艳的心思，便做了几张小卡片，对艳艳说："来，抽一张吧，每张卡片上都有一句话，抽到的那张卡片就是你的幸运语。"

艳艳一听是"幸运语"，就来了兴趣，便抽了其中的一张，上面写着："相信自己，我是最棒的！"

"你看，幸运语都告诉你要相信自己，只要你能每天用这句话来激励自己，再加上你的努力付出，一定可以做好。"

艳艳若有所思地点点头。从此之后，艳艳每天都会随身带着那张卡片，每天起床后和临睡前，她都会对着镜子中的自己说："相信自己，我是最棒的！"

此外，艳艳还认真准备演讲稿，并利用课余时间来练习。

后来，在演讲比赛中，艳艳凭借着独具特色的个人魅力和出色的表现力、感染力，获得了比赛的二等奖。

好妈妈如是说

一句"幸运语"真的能给孩子带来幸运吗？答案是肯定的。正如人们常说的一句话："说你行，你就行，不行也行；说不行，就不行，行也不行。"这就是暗示的力量！家长可以从以下几个方面，引导孩子进行积极的自我暗示。

1. 引导孩子学会积极的自我暗示

从日常生活中的小事入手，每天对自己说一句诸如"我是快乐的""我一定会成功""我要相信自己""我有能力做好一切"之类的话；当遇到困难、挫折的时候，可以不断对自己说一句诸如"我一定可以战胜困难""一切都会过去的""没有什么可以难倒我"等。

2. 抓住孩子自我暗示的最佳时间

孩子进行自我暗示的最佳时间是起床后和临睡前，因为这时候，孩子的头脑处于半意识状态，只要意识下命令，潜意识就会无条件地接受。只要孩子以强烈的信念进行反复自我暗示，那这种自我暗示就会储存在他的潜意识中，从而转化为积极的行动。

3. 教孩子学会将希望达到的目标在想象中预演

也就是说，孩子希望做到什么，就可以去想象，在脑海中"实现"它。经过这样的预演之后，孩子的脑海中就留下了一个积极的记忆印痕。那么，当他遇到真实的情境后，积极的记忆印痕就会被激发出来，从而引导他的思维和行为朝着他所预演的方向发展。

少给孩子灌输“不吃亏”的思想

妈妈箴言

天真无邪的孩子就是一张白纸，正是后天的教育让孩子这张白纸充满各种色彩。最初，在孩子的心里，并不知道什么是吃亏，也不知道什么是占便宜。

生活中经常见到这样的场面，家长严肃地对孩子说：“在外面跟别的孩子打架，你要是打赢了，回来后我奖励你，给你买好吃的、好玩的。如果是你打输了，吃了亏，回来后等着挨皮鞭！”这种教育思想是很不利于孩子成长的。

成长故事

威威和小伙伴在小区的操场上玩游戏。有个霸道的小朋友对游戏的角色不满，就打哭了威威。受了委屈的威威回到家，非但没有得到妈妈的安慰，反而被妈妈严厉地训斥道：“你为什么不还手，他比你个子还小，却能把你打哭，真是窝囊！如果下次你还哭着回来，就别进家门了。”

好妈妈如是说

威威妈妈的这种教子方式显然是可怕的，也是非常错误的。让孩子以拳还拳，以牙还牙，孩子就会成为一个缺乏爱心、喜欢打架的顽劣之徒。教育孩子具有竞争意识是没有错，但是教孩子以牙还牙，就是错误的了。培养孩子的爱心，教孩子善待他人，给予孩子积极的正能量，才是家庭教育之本。

一位教育专家曾经在一所幼儿园做过调查，专家问一个孩子："你玩得好好的，有个小朋友不小心把你碰倒了，你怎么办？"这个孩子脱口而出："我就用脚踹他！"其他57.1%的孩子也都是同样的心态：不能吃亏，要把吃的亏赶紧找回来！有些回答更让人心惊肉跳："打他屁股""告警察抓走他""用鞭子抽他""让大灰狼把他吃了"等。

如今家长不断向孩子灌输不吃亏思想，跟现在的家庭结构有很大的关系。过去是一母同胞弟兄多个，家庭中自然形成了兄弟姐妹相互关心、相互照顾的局面，养成了关心、照顾他人的品质。如今的孩子大部分都是独生子女，妈妈疼爱孩子，都怕自己的孩子在外面吃亏。妈妈疼爱孩子的心情可以理解，但是，这种时不时地向孩子灌输不能吃亏的思想，很容易使孩子斤斤计较，事事从个人利益出发。几个孩子在一起玩时，总有个别孩子，他们不是置身游戏的快乐之中，而是总是比别人多玩几次，多享受几回，一旦没能达到自己的心愿就开始发脾气，和同伴们赌气，本来很愉快的游戏，闹得自己一肚子气。

1. 灌输给孩子不吃亏的思想容易使孩子变得孤僻

如今的孩子大多都是独生子女，没有兄弟姐妹，家里没有同龄的孩子，孩子只能跟其他家庭的孩子玩耍。孩子之间有共同语言、平等的能力、智力，这是孩提时期孩子最大的心理需求。

如果做什么都不吃亏，那么很难与他人好好交往，也一定会在集体中会受到排斥、孤立。一个人待着的他慢慢就会变得孤僻，也学不到同龄人的知识和智慧，显得比同龄人幼稚。

2. 灌输给孩子不吃亏的思想，使孩子将来难以适应社会

一个人的价值可以用他对社会的贡献大小来衡量，只讲索取，不讲奉献，是我们这个社会所不提倡且人人反对的。人们往往不愿意与这种人协作，这种人也难以在社会生活或工作中找到一席之地。

总之，为了孩子的健康成长和孩子的将来考虑，要让孩子乐于奉献，懂得关爱他人，就要有意识地补上这堂“关怀”课，让孩子试着吃点儿亏，更好地融入集体与社会。

教会孩子懂得感恩

妈妈箴言

现在的孩子大都是家里的“小皇帝”“小公主”，虽然这些孩子聪明可爱、思维活跃，然而，这些孩子普遍没有感恩的心态。他们常表现出孤傲、敏感、自私、脆弱，只知受惠，不知回报；只知索取，不知感恩；

只知被爱，不知责任。这样的孩子是有很大缺陷的。

成长故事

小宝是家里三代单传的独生子，父母和爷爷奶奶非常宠爱他。早上都是妈妈做好了早餐，倒好了漱口水，把牙膏挤在牙刷上，叫他起床叫了很多遍，他才懒洋洋地从床上爬起来。每天临睡前，书包都是妈妈根据第二天要用的课本帮他整理好，洗脚水都是妈妈帮他打的。

小宝仿佛习惯了衣来伸手、饭来张口的生活，认为这一切都是应该的，甚至一不顺心就发脾气、摔东西，而爸爸妈妈总是迁就着他。

有一次，小宝到远房表妹珊珊家做客。珊珊的妈妈热情地招呼小宝，为大家洗好了水果，端了上来。小宝满不在乎地顺手抓起一个苹果就自顾自地大吃大嚼了起来。珊珊对妈妈说："谢谢！"珊珊的妈妈笑着说："不客气！"看电视时，珊珊剥了一根香蕉递给了妈妈。说："妈妈，给您吃香蕉。"珊珊的妈妈接了过来，说："谢谢了，珊珊真乖。"珊珊也剥了一根香蕉给小宝，说："小宝哥，吃香蕉吧。"小宝一脸羞愧，觉得浑身不自在，但还是非常别扭地小声说了声："谢谢！"

回到家，晚上，妈妈为写作业的小宝照例递来了热乎乎、香喷喷的牛奶，说："来，乖，喝牛奶啦。"小宝一反常态地对妈妈说："谢谢你，妈妈。"妈妈愣了一下，灿烂地笑了，说："不用谢，咱们的小宝真乖。"

好妈妈如是说

感恩是一个孩子健康成长必备的积极心态。懂得感恩的孩子，他明白自然、社会、家庭为自己付出了什么，他会不骄纵、不自私，会爱自己的父母、亲人，也会爱其他人。因此，即使我们心甘情愿地付出并且很快乐，也还是要让孩子有一颗感恩的心。

1. 让孩子明白一切都值得感谢

我们生活在大自然中，大自然中的一切都值得我们感谢：感谢雨水浇灌了植物，让我们可以呼吸新鲜空气；感谢土地让人们种出粮食；感谢阳光，让我们生活在温暖之中……感谢父母给我们生命；感谢老师教我们知识；感谢同学和我一起玩耍、学习，一起分担痛苦……这样我们才有丰富的精神生活。如果我们这样看待自己生活的环境和社会，并把这种观点传达给孩子，久而久之，孩子也一定会用这种眼光去看待他生活的环境，从而拥有一颗感恩一切的心。

2. 要学会偶尔“示弱”

教孩子学会感恩，妈妈要学会偶尔“示弱”，多给孩子机会，让孩子为父母做些事。比如让孩子自己整理自己衣服，收拾自己的房间，让孩子给自己倒水喝，帮妈妈打扫卫生等。让孩子学会给予，懂得父母和别人的给予与帮助是一种恩惠，而不是理所当然或者欠他的。

3. 借助感恩节让孩子表达内心的感谢

每年 11 月的第 4 个星期四是西方的感恩节，尽管感恩节不是我们的传统节日，我们依然可以借感恩节让孩子说出他内心的感谢。当“感谢”被说出口时，孩子就会觉得这一切不是家人理所当然要为自己做的，是家人对自己的关爱和付出。而孩子接受了感谢，也会让他感觉到为别人付出后的快乐，这样他也就懂得感恩并愿意付出了。

对于上述这些策略，家长或许会说，说来容易，做到就太难了。是啊，正因为如此，所以才说：教育孩子就是修炼自己！改变自己，然后再影响孩子改变，最终实现孩子的健康快乐成长，获得家庭的幸福和睦！

培养孩子诚实守信的优秀品质

妈妈箴言

有些孩子张嘴就是谎话，有时候被发现了，一再追问也不承认，不少宝妈都为此伤透了脑筋。孩子这种行为与家长及周围的人的为人处世也存在很大的关系，要知道孩子是很会模仿大人的。

成长故事

欢欢的妈妈很爱集邮。有一天，欢欢妈妈千辛万苦“淘”了那张很久都没搜集到的邮票，满心欢喜地打开集邮册，发现少了好几张，妈妈叫来在客厅玩耍的欢欢。被问到的欢欢，低着头，不敢看妈妈，明显是那个“罪魁祸首”，可是欢欢怎么也不承认是他拿的。气急之下，妈妈打了他。孩子还是不承认，只是一个劲儿地哭。

好妈妈如是说

诚实守信，是做人的一种优良品德。一个诚实守信的人，会对自己、对他人真诚、忠实，不欺不诈，严守承诺，说到做到。

孩子来到这个世界，纯洁无瑕。人们相信撒谎、欺诈、食言等不良品质一定不会和孩子相关联，然而，事实却是很多家长都发现自己的孩子有撒谎、违约和食言的行为，为什么会这样呢？其原因大概有以下几种：

第一，有些妈妈在孩子面前善意地撒谎。

浩然和奶奶说好晚上回奶奶家，可是，妈妈想到挤车太累、太辛苦，就临时打了退堂鼓。她看到浩然在投入地搭积木，就拿起电话跟婆婆说："妈，浩然的英语班临时加了一节课，今天回不去了。"刚放下电话，浩然疑惑地问："妈妈，我怎么不知道英语班加课了？"妈妈张口结舌地不知道说什么好。

在这个世界上，完全做到诚实守信的人并不多，大多数人都有撒谎的经历，有时是善意的，有时是不得已。成年人可以理解这些，但孩子不能理解。他听到的只是妈妈在撒谎，次数多了，孩子就会觉得撒谎这种行为很正常，没什么大不了的，他也会渐渐学会撒谎，从小谎言到大谎言。

第二，孩子为了满足自己的某种要求、愿望而撒谎。

我们生存的世界是丰富多彩的，孩子一天天长大，面对这个丰富多彩的世界他就会有各种各样的要求、愿望。他的这些要求、愿望，我们当然不会完全满足。但孩子为了使自己的要求、愿望得到满足，他就会想办法，办法之一就是撒谎。如想买一把枪，就说其他小朋友都有了，只有他没有；如不想刷牙，就在盥洗间待一会儿，然后出来说刷完牙了。

第三，孩子为了逃避责骂而不诚实。

孩子通常都比较喜欢冒险，也比较顽皮，所以，孩子经常会闯祸。如果妈妈对孩子要求严格，孩子闯祸后会受到严厉责骂或者挨打，那孩子就会因为想逃避打骂而撒谎。

第四，孩子因为考虑问题不全面而违约。

因为孩子年龄小，考虑问题不全面，很可能轻易地答应了别人要做什么事，到后来却发现这件事自己根本就做不了，结果导致孩子不能谨守承诺。

我们无法接受孩子撒谎、违约和食言的行为，“言必信，行必果”“君子一言，驷马难追”，是我们从古人那里传承到的做人的基本准则，而且孩子长大后要想事业有成，就必须具备诚实守信的品德。那么如何才能让孩子不撒谎呢？

1. 做一个诚实守信的妈妈

父母的言谈举止是孩子模仿的对象，如果妈妈不想让孩子撒谎，自己首先要做到不撒谎，否则，不仅会将妈妈在孩子面前的威信毁掉，孩子自己也会养成撒谎的习惯。

2. 满足孩子的合理要求，或说出不能满足的理由

对于孩子的要求，妈妈要让孩子说出理由，并认真考虑，如果确实是孩子需要的，那就要满足他，这样孩子再有要求时，他就会通过正面的方式来表达。如果妈妈认真考虑了孩子的要求，觉得不能满足时，一定要告诉孩子理由，如果孩子有一支或两支同类型的玩具枪，却还要再买时，妈妈可以说：“你有了同样的枪，它们虽然外形不同，但功能是一样的，所以我不同意买。”有理由的拒绝，孩子比较容易接受。

3. 让孩子为自己的食言而道歉

当孩子不得不食言而失信于人时，妈妈一定要让孩子向对方道歉，并说明缘由，这不仅能获得对方的谅解，也能让孩子体会到许诺是一件很重要的事，他下次许诺前就会慎重考虑了。

4. 营造一个温馨的家庭环境

孩子天性是善良的，他也不愿意为自己闯祸而撒谎，然后承受撒谎后的内心折磨。所以，妈妈要在家中营造一个温馨的环境，当孩子闯祸后，他可以告诉妈妈，妈妈和他一起想办法来补救。如果能这样做，又有哪个孩子乐意去撒谎呢?

5. 用诚实守信的故事影响孩子

古今中外，有很多有关诚实守信的故事。古代的正面故事如季布“一诺千金”、商鞅“立木为信”；反面的如周幽王“烽火戏诸侯”；现代的如宋庆龄小的时候信守约定等朋友、李嘉诚信守对乞丐的承诺；外国的如列宁承认自己打碎了花瓶、华盛顿承认自己砍了樱桃树等。此外，还有很多关于诚实守信的童话故事，如匹诺曹、捧空花盆的孩子等。

孩子喜欢听故事，无论是真实发生过的故事还是童话中虚拟的故事，都能对培养孩子诚实守信起到潜移默化的作用。所以，对于年龄偏小的孩子，我们可以在睡前为他读或者讲一个这样的故事；而对于年龄大点的四五年级孩子，我们可以买来相关的书籍让他进行自主阅读。

如何让孩子乐于和别人分享

妈妈箴言

很多妈妈都不喜欢孩子把自己家的私人物品拿出来和别的小朋友共享。这种暗示，会让孩子认为：分享是一种损失。于是无形中把孩子培养成一个自私自利的人。很多人抱怨现在的孩子自私，不懂得分享，扪心自问，这是孩子的错吗?

成长故事

杨浩升初中了，考上的是一所寄宿制重点中学，周一到周六都在学校学习生活，只有周日才能回家，为了方便孩子与家里面联系，妈妈给他配了手机。开学的前一天晚上，妈妈嘱咐道："浩浩，别让同学用你的手机哦！省得人家占你便宜，用你的手机打长途之类的。妈妈每月只帮你交20元话费，千万别让别人花完了啊！"

期中考试以后，学校召开了第一次家长会，老师对杨浩妈妈说，这孩子适应能力不太好，与同学们相处关系不是很好，希望妈妈回去帮助孩子解决一下问题。妈妈问杨浩为什么和同学相处不好，孩子说："我不喜欢和他们一起，不喜欢他们有时借用我的手机，或者是文具、生活用品，反正我就是不想借给他们，他们现在就不理我了。"妈妈瞬间开始后悔了，是不是自己当初对孩子叮嘱不要让别人用手机，导致他现在变得这么自私呢？

好妈妈如是说

分享快乐，快乐就加倍；分享痛苦，痛苦就减轻。分享是现代社会的合作基础，在现在的社会，用一句通俗的话来讲，只有懂得往别人碗里夹菜的人，才能吃饱饭。懂得分享的人，才有人愿意帮助他、回报他，这样的人也许本身不优秀，但是他会有很多优秀的朋友帮助他提升自己。相反，一个自私自利的人，只会招人厌恶。

1. 教育孩子懂得分享是立足社会的根本

有些妈妈认为，分享有选择性，只有自己不喜欢的，或者是不贵重的东西，才应该拿出来分享。这种狭隘的分享，并不是真正的分享，是对孩子的一种误导。其实，越是贵重的东西，越是需要和别人分享，越是别人没有的时候，分享显得越是珍贵。

2. 孩子懂得学会分享，是成功人士的共同特征

妈妈想把孩子教育成功，就得教孩子学会分享，这个前提就是妈妈自己要会分享。妈妈们将自己的工作经验与同事分享，将自家的特产拿给邻居，这些都是在告诉孩子们，要如何做人、如何做事。孩子会从你的一言一行中学会如何分享，正如从“别让别人用你的东西”中学会自私一样。

自私是很多孩子都存在的问题。出现这个问题，一来的确与孩子的个性有关，然而个性主要是后天形成的；二来同孩子在家中没有兄弟姐妹相伴有关，但更重要的是缘于家长的教育态度和方法不当。对孩子的关心过度、照顾过度、抬举过度、迁就过度，使孩子不自觉地加重自我意识，养成了自我为中心的习惯，只顾自己，不考虑他人，甚至争名夺利，做损害他人的事。

面对这个问题，妈妈不应太着急，性格方面的问题需要日积月累的改变才能纠正。

3. 让孩子在家庭生活中扮演合适的角色

在日常生活中无论做什么事，都要让孩子扮演好自己的角色，做懂事的好孩子。同时家长要做好模范的榜样，长此以往，同样的品质和行为方式就会再现于孩子身上。

4. 在满足孩子要求方面要适当

妈妈对孩子合理的要求可以适当满足；对孩子不合理的要求坚决说“不”，对于不能及时满足的要让孩子学会等待，不过分迁就。因为过分迁就容易让孩子养成孤僻心理，眼里容不下别人，表现自私。

5. 帮助孩子交往

既然孩子已经有自私的表现，那么妈妈的引导就势在必行了。从儿童心理发展的规律看，五六岁以上的孩子是需要友情、需要伙伴的，但是由于孩子在家中没有兄弟姐妹、学校功课任务重及邻里之间交往少等原因，许多孩子终日是一个人学习、一个人玩耍，这样，他就很自然地不会去考虑别人，从而形成以自我为中心的心理。

鼓励孩子积极参加集体活动。对中小学阶段的孩子来说集体就是小组、班级、少先队、学校及假期里的活动小组。孩子学习和生活在这些集体组织里，就应该同这些组织的其他成员团结互助，共同完成集体活动的任务，并在这个过程中形成初步的集体主义意识。这对克服自私心理很有帮助。

相信孩子在这样的环境下长大，自然会变得感恩和富有协作精神。而这一点随着孩子的长大会越来越重要。

培养孩子的耐心，做事不焦躁

妈妈箴言

随着物质文明和精神文明的高度发展，人们的生活节奏逐渐加快。吃的是快餐食品，知识技能是速成的，培养孩子则要快一点再快一点，等不及孩子慢慢长大……在“快”的影响下，本身就没有多少耐心的孩子更是急躁异常。

成长故事

6岁的星星看到妈妈来幼儿园接她，就蹦蹦跳跳地出来了。坐到车子的后座上，星星就问妈妈："有好吃的吗？"妈妈边回答"有"，边从包内掏出一袋饼干递给她。星星迫不及待地撕开口拿了一块，然后将剩下的递给妈妈，妈妈随手搁在车筐里就骑上车走了。

星星吃完一块后叫妈妈："我还要吃饼干。"妈妈说："我现在骑车不方便拿，一会儿碰到红灯停下来再给你拿。"星星带着哭腔喊："不行，我等不及了，我现在就要吃。"妈妈边骑车边说："你耐心等会儿。"星星开始揪着妈妈衣服大哭，结果引来路人侧目。妈妈只好在路边停下，将饼干递给星星。

好妈妈如是说

孩子缺乏耐心，做事焦躁，很可能会影响他以后的发展。对此，妈妈要及时察觉，并帮助孩子改掉这个毛病。以下的几种方法可以供妈妈参考：

1. 对待孩子和生活，我们要有耐心

没有耐心的人，许多事情都会办不好。孩子如果没有耐心，会哭闹、发脾气。这时候，很多妈妈看见孩子哭闹，也会表现得很烦躁，往往会通过威胁、恐吓制止孩子的哭闹，这其实是妈妈没有耐心的表现。妈妈这样做，孩子也会选择用这种方式对待别人。

在生活中，我们常常会遇到一些小麻烦，是耐心地理清头绪、解决麻烦，还是在麻烦中抱怨、因麻烦而中断一件事情的完成？我们选择的态度会被孩子吸收并模仿。

所以，要让孩子有耐心，我们首先要在他面前有耐心。

2. 在孩子专注“工作”时不要干扰他

儿童教育专家认为，每一个孩子都有专注的潜质。如几个月大时，孩子开始吃手，这是他这一时期的“工作”，在手干净的前提下，如果成人不干涉他的“工作”，他就会专注于这一件事，直到获得自我满足。如果想让孩子有耐心，我们就不要在他专注于某一件事时呼唤他、干扰他。我们可以在一旁静静地观察，感觉他结束了手中的“工作”时，再呼唤他做其他事情。

3. 以生活小事磨炼孩子的耐心

在我们的生活中，可以用很多生活小事磨炼孩子的耐心。如孩子对绿色植物情有独钟，那就为孩子提供种子和花盆，让他感受自己劳动的成果。如果他想看到绽放的花朵，就要等待种子发芽、长成小苗、长出茎叶，而且还需要浇水、施肥、松土等，这是一个漫长的过程。这个漫长的过程不仅有益于磨炼孩子的耐心，还能提高孩子的观察力、培养孩子的责任感。

再如，生活中最普遍的整理房间这件事也能磨炼孩子的耐心。擦干净桌子的任一个角落、扫干净地的任一个角落……事情很简单，但要完成却需要足够的耐心。

此外，我们的生活中有许多需要排队的事情。如在超市购物要排队付款，去银行取款、缴费需要排队……对于孩子力所能及的这类事，我们不妨交给他来做，排队能让孩子学会耐心地等待。

4. 让孩子在游戏中“玩”出耐心

孩子天生喜欢游戏，但有些孩子之所以看上去没耐心玩游戏，是因为他不能深入游戏之中，不能从游戏中获得快乐。我们可以跟孩子一起玩，通过限定时间来约束他不离开游戏，当孩子习惯时间的约束后，他就会将注意力转入到游戏之中，这时的孩子便会变得非常有耐心。

教孩子做人要谦虚，做事要谨慎

妈妈箴言

谦虚是做人的美德，谦虚地待人接物才能得到别人的赞赏，开辟更加广阔的人生。相反，自负傲慢之人就会处处招致别人的厌弃和反感。因此，宝妈们在教育孩子的过程中，一定要教育孩子做人要谦虚，做事要谨慎。

成长故事

有一次，学校举办了评选优秀班干部的活动，参加评选的都是学生干部，是学生中的佼佼者，张磊就是其中的一个。他思维敏捷，工作能力强，但是由于他骄傲自满、自以为是，在工作中，不走“群众路线”，也听不得不同意见，和同学关系比较紧张。尽管在活动中很卖力气，也有吃苦精神，但在这次评选中却落选了。张磊为此很伤心，妈妈也很苦恼，认为宝贝儿子这么能干不应该没被评选上。了解情况的人都知道，这是他妈妈平时不注意对他的教育所导致的。

好妈妈如是说

现代心理学研究表明：人在幼年时记录在大脑中父母的意识、言行将会长久不衰地停留在他们人格的“磁带”上，并且在适当时候会自动“播放”出来，具有贯穿整个人生的强大的影响力。事实也是这样，家长对子女幼时的良好教育影响，将会使子女终身受益，反之则贻害无穷。从孩子懂事的那天起，我们就要重视对孩子的性格教育，特别要教会他们学会谦虚谨慎、不骄不躁，为他们进步、成长、成才奠定坚实的基础。

宝妈们要怎么样培养孩子谦虚谨慎的作风呢?

1. 夸奖孩子要适度

妈妈对孩子的优点、成绩过分的夸耀，很容易让孩子产生骄傲自大的心理，从而形成骄傲自大的性格。所以，妈妈对孩子的评价要准确、客观。

2. 让孩子有自知之明

通过给孩子摆道理、列举事实的方法，让孩子知道“天外有天，人外有人”。可以让孩子每周观察一位同学，说出这位同学的优点，并认真学习。这样孩子通过对比，就能知道自己的不足之处，就会养成有“自知之明”的好品质。

3. 家长要以身垂范

用自身的行为为孩子做表率，用严格自律、谦逊好学、奋斗不息的形象感染孩子。孩子健全人格的形成是与良好的家庭氛围分不开的。

4. 让老师帮忙配合，保持方法一致

在孩子性格形成的过程中，给孩子改正错误的机会，发现孩子的优缺点，肯定孩子的进步，及时纠正孩子自满的情绪……这些做法是学校的老师经常做的，他们也会提醒家长应该如何去做，关键是家长应该和老师密切配合，保持方法一致，千万不要让孩子在学校一个样，在家另一个样。

总之，谦虚是美德，是培养孩子心理健康的重要内容，是帮助孩子摆脱自负的心理问题的关键。

教会孩子懂礼貌知礼节

妈妈箴言

礼貌的举动既是对他人的尊重，也是对自己的尊重，正所谓“敬人者，人恒敬之”，每个人都喜欢跟懂礼貌的人交往。一个孩子如果懂得礼貌待人，他就会得到更多亲戚、朋友、老师的赞扬，被更多人接纳。

成长故事

妈妈为了使聪聪能够良好地使用礼貌用语，经常拿些布娃娃和他玩游戏。妈妈拿着三个布娃娃，对着聪聪说：“咱们家今天来了三个小客人，我们先欢迎他们进来吧。”然后聪聪说：“欢迎，请进！”妈妈拿着布娃娃对聪聪说：“谢谢！”这时，妈妈说：“聪聪，妈妈有事要出去一下，你帮我招呼一下三位小客人。”然后，让聪聪独自招呼这“三位小客人”，与此同时，妈妈也会在旁边引导聪聪什么时候该做什么，该说什么……

好妈妈如是说

“冰冻三尺，非一日之寒”。孩子的礼貌用语培养并不是一朝一夕的事，其礼貌习惯的发展与其情感、经验、思维等其他方面都有着密切的联系。掌握一定量的礼貌用语是孩子礼貌交流行为的材料，妈妈要从丰富孩子礼貌用语的内容入手，让他们不断地使用，对其礼貌习惯的养成会起很大的作用。

1. 教孩子使用礼貌用语

礼貌用语是体现孩子懂礼貌的最直接的方式。见了长辈，主动打招呼；接受别人的帮助要说“谢谢”，妨碍到别人要道歉“对不起”等。这些简单的举动就会让孩子学会礼貌待人。

2. 教会孩子待客和做客

当有客人来家里做客的时候，妈妈要教孩子说“欢迎您，请进”，帮客人拿拖鞋，给客人倒水、端水果。客人走时，说“再见”“欢迎再来”。客人也会夸孩子懂礼貌的。

而去别人家做客更要让孩子懂得礼貌。在去做客之前，我们就应该告诉孩子，到了别人家不可以像在家里那样随便走动，更不可以乱动人家的东西，要听从主人的安排。在临走的时候，我们还要记得告诉孩子对主人的款待表示感谢，并且礼貌地邀请主人有时间到自己的家里来做客。

只要我们细心教导，我们的孩子一定能变成懂礼貌的小主人或者小客人，在多次待客和做客之后，也一定能够养成礼貌待人的好习惯。

3. 及时纠正孩子的不礼貌行为

由于孩子年龄小，不懂事，经常会因为好奇做出一些不礼貌的事情，比如说给同学起绰号，叫别人“傻瓜”“笨蛋”，他觉得这样很有意思，可是却伤害了别人的自尊。我们要及时纠正孩子的这种行为，让孩子明白这是一种极不礼貌的行为，是可耻的行为。

现在，各种传媒手段非常发达，孩子很有可能从某个地方学会一些不好的语言或者行为，所以，我们要时刻提高警惕，及时发现孩子的这些不礼貌的言行并予以纠正，帮助孩子养成礼貌待人的好习惯。

第三章

敢担当：在责任与担当中培养孩子的血性

妈妈很喜欢替孩子大包大揽，为孩子承担责任，上学忘了带课本，妈妈的责任；孩子不爱喝牛奶，妈妈的责任；孩子摔倒了，妈妈的责任……在你的“责任与担当”中，你觉得孩子能成为有责任心的人吗？当然不能！妈妈不要抢了孩子的责任与担当，抢了孩子的血性！

代孩子受过，大包大揽的父母不合格

妈妈箴言

很多妈妈会把孩子的错误也大包大揽到自己身上，这是一种极端的做法，这说明对孩子的溺爱已经到了一种病态的程度，全然以为孩子就是自己、自己就是孩子、孩子的事就是自己的事、孩子的错就是自己的错了。越是如此代孩子受过，孩子越不领情，家长的一点儿差错就会让孩子觉得失望。

成长故事

“不怪孩子，都是我的错，是我忘记让他穿校服了。”小桦妈妈一脸自责地说道。

小桦站在旁边，听着妈妈向老师道歉，一副事不关己高高挂起的样子。

“我现在说的不是没穿校服的问题，说的是小桦抢同学校服的问题，重点不在校服上，而在于这种行为上。他不能够因为自己忘记穿校服，怕被老师批评，就去抢别人的校服穿呀。”老师真是不知道该怎么和这么护着孩子的家长交流了。

这已经不是小桦第一次在学校犯了错，妈妈知道后，满头大汗跑到学校，主动向老师承认“错误”，将责任全揽到自己身上了。

前几天，小桦忘记了写作业，第二天向同学借作业抄，同学不借，两个人撕扯起来，把同学的作业本撕坏了。妈妈也是这样跑到学校，一面把新作业本赔给那个孩子，一面向老师解释："昨天小桦没做作业，不怪孩子，因为昨天晚上，孩子他舅舅过来了，我们聊天聊到很晚，耽误了孩子的时间。千万不要怪孩子，都是我的错。"

"是呀，老师，你就原谅我妈妈吧。"看到妈妈可怜的样子，小桦也在一旁帮忙"求情"，全然忘记了自己才是惹祸的那个人。

这种帮助孩子推卸责任的理由弄得老师也不好再说些什么了。

好妈妈如是说

生活中，大多数妈妈虽然不会这样极端呵护，却也经常犯对孩子的事情大包大揽的错误。因为怕孩子犯错，就不让孩子做事，处处事必躬亲，这是很多家长都在犯的"错误"，客观讲，这样的家长不合格。

1. 扪心自问：你了解你的孩子吗

"原来这个玩具是女孩子玩的呀，对不起，妈妈明天再给你买把手枪！""你不喜欢吃这个馅的包子啊，想吃什么，妈妈马上去给你买！"相信类似场景，父母不但看到过，甚至也说过类似的话，为何要如此处处迁就孩子呢？有时甚至孩子根本没有表达出强烈的不想玩这个玩具、不想吃这个包子的意愿来，家长就自以为了解孩子心中的想法，所以"顺"着孩子说出这样"善解人意"的话来。

其实，这种大包大揽的行为也是妈妈"入侵"孩子世界的行为。他们凭借一己之见认为孩子懂得很少，所以就用自己的头脑去帮孩子想事情，用自己的语言去替孩子说话，甚至以自己的规则去阻碍孩子原本已拟订的各项规则。在这样单方面的"沟通"方式中，看似亲子关系非常和谐，实则"暗流涌动"，这是一种主动的纵容，纵容了孩子的"自我中心"，孩子因此很容易变成骄纵、自私、没规矩的人，最后父母的"善解人意”反而成了费力不讨好。

对孩子的照顾和管理太过主观，实际上是因为对孩子的品行和想法缺乏客观的了解。对孩子品行的了解离不开家长在生活中的细心观察，但细心观察也不意味着可以用去年观察的结果判断今年孩子的品行，孩子的成长过程也是他们不断学习、补充、改善自身的过程。

我们想要真正了解孩子、避免做出和孩子的真实意愿相违背的事情来，除了观察孩子为人处世的言行之外，更重要的是必须进行亲子之间的充分沟通。在我们想当然地要为孩子做什么、决定什么之前，如果情况不是那么时不我待的话，就该先去问问孩子的看法，针对此情此景的实际情况去了解孩子，这才能做出正确的决策，不费力也讨好。

2. 角色互换：孩子来照顾父母

在很多家长看来，照顾孩子是自己义不容辞的责任，享受父母照顾的孩子也觉得这种优待天经地义，其实这种思想不利于孩子的成长。家庭中的生活模式应该随着孩子年龄的增长而逐渐由父母照顾孩子转变到双方相互照顾，并且给予孩子更多份额的照顾父母的机会，这不仅取消了孩子在家中的“特殊”地位，还可以让孩子知道“孩子和父母在家庭中都是平等的”，在他学会保护照顾父母之后，自然就消除了孩子“自我中心”的自私冷漠观念，让他更加尊敬爱护父母。

3. 适当让孩子吃点苦受点累

妈妈们都有这样的感觉：现在生活条件越好，孩子越不听话了，对父母的要求经常视而不见、听而不闻，自私冷漠得丝毫不把规矩放在眼里。针对这种情况，妈妈应学会不仅让孩子在爱中成长，而且还要让他在爱中学会坚强。建议宝妈们要有意识地让孩子受点苦累、受点挫折，培养他的独立意识和应对困难的心理承受能力。只有经历过磨难，孩子才能懂得人生的道路是坎坷的，不遵守规矩就会走弯路，就会失败。让孩子从挫折中接受教育，会比言语上的教育更有说服力。

学会道歉是学会承担的第一步

妈妈箴言

孩子还处于一种爱玩爱闹的调皮时期，一不小心就会犯错。而孩子犯了错误，因为怕承担责任，害怕受到家长的惩罚选择不承认错误。此时，妈妈一定要在这个关键阶段教育孩子学会道歉，学会道歉是承担责任的第一步。

成长故事

过春节了，小雨和爸爸一起放鞭炮。突然不远处一声巨响，把她吓了一跳，手里攥着的烟花不小心碰到了爸爸的胳膊，爸爸羽绒服的袖子立刻被烧了一个洞。

这可是爸爸新买的羽绒服，爸爸假装生气地责备小雨："你看看，把爸爸的新衣服烧了个洞。"

小雨看了一眼，说："爸爸，你不能怪我，我又不是故意的。"

在一旁的妈妈看到了，把小雨拉到一边说："不管是不是故意的，既然错了，就要真心诚意地道歉，不要为自己狡辩。你这样除了爸爸妈妈能包容，别人可不会接受！"

妈妈正说着话，一边放鞭炮的爸爸点着了一个爆竹，连连往后退，突然碰到了小雨，小雨一屁股坐到了地上。爸爸没有扶她，只是淡淡地对她说："小雨，爸爸也不是故意的。"

小雨哭着说："你把我都撞疼了，还说不是故意的，气人！"

这时，爸爸蹲了下来，帮小雨揉屁股，和气地说："对不起，小雨，把你撞疼了，爸爸替你揉揉，都怪爸爸走路太不小心了。你原谅爸爸好吗？"

小雨听爸爸这么说，心里好受了不少。

旁边的妈妈开口了："小雨，你刚才把爸爸的衣服烧了个洞，现在知道该怎么道歉了吗？"

小雨对爸爸说："爸爸，对不起，我不小心把你的衣服烧坏了，用我的压岁钱再给你买一件吧。"

爸爸高兴地说："小雨，今天，你不仅学会了道歉，而且知道了去弥补错误，这可比给爸爸买10件衣服更让爸爸高兴！"

好妈妈如是说

其实，要培养孩子敢作敢当的性格并不是件难事，我们可以从以下方面着手，让孩子从小学着承担自己的责任。

1. 善用惩罚性措施

在教育孩子的问题上，很多人都不提倡使用惩罚措施，更不允许严厉批评惩罚孩子。惩罚固然不宜，但它绝非一无是处，妈妈没必要过分排斥。在孩子的成长过程中，家长适时采取一些惩罚性措施以制止孩子的不良行为、习惯，是比"动之以情，晓之以理"更有效的方法。

除批评之外，惩罚性措施还包括给予脸色、警告、呵斥、罚劳动等，每一种手段的惩罚程度有所不同。如有需要，家长应视具体情况决定采用哪一种惩罚措施，比如孩子出手伤人或做了其他危险性较大的事，就可以采用体罚的方法；若仅仅是偷吃一块糖、弄脏了房间等，用给予脸色、批评或罚劳动的方法就可以了。

2. 促膝谈心，给孩子播下敢作敢当的“种子”

对于孩子的某些不良行为，家长不必当时就作出反应，否则可能会增加孩子心中的恐惧感，让孩子因过分害怕而推卸责任。有时，家长也应冷静一些，然后心平气和地与孩子谈谈，给孩子播下敢作敢当的“种子”，慢慢地，这种思想会在孩子的心中“发芽”。

3. 让孩子自己补救错误

妈妈要让孩子明白逃避错误是不可取的，一味地逃避，只会让自己变得更懦弱。与此同时，妈妈还应告诉孩子，仅仅承认错误是不够的，犯错后更重要的是想办法去改正错误、补救过失。比如，孩子在学校损坏了别人的东西，妈妈一定要让孩子买了还给对方，要让孩子懂得，自己造成的不良后果必须自己负责。

面对过错，勇于承担

妈妈箴言

很多妈妈不知道如何去教育犯了错误的孩子，对其不闻不问的话，则担心孩子会因此学坏；严加处罚的话，又怕伤害孩子。借用古人的一句话，“人非圣贤，孰能无过？过而能改，善莫大焉”，在某种意义上，错误对任何人来说都是不可避免的，它将伴随你的一生，无论你愿意不愿意。孩子犯错并不可怕，关键是要教育孩子勇于承认，并勤于改正。

成长故事

周末，小柏和妈妈一起去亲戚家，小柏表现得十分傲慢，口不择言。在返家的路上，妈妈觉得有必要跟小柏谈谈他在亲戚家的表现。

可刚一开始，当妈妈问“你有没有觉得刚才那么说话是不对的”之时，小柏却说：“我没有说错啊，表弟本来就很笨，他什么都不会。”

这时，妈妈严厉批评道：“你这样说令我很失望。我们一直希望把你教养成一个待人和善，犯了错敢作敢当的孩子。但你在表弟家表现得不可一世，把表弟当成笨蛋，到现在还不肯承认错误，找理由为自己开脱……”

听了妈妈的批评，小柏才意识到自己做错了：“对不起，妈妈，我错了！我不该有那么恶劣的态度，下次去表弟家我一定会向他道歉。”

一般来说，小孩子都能接受别人尤其是爸妈的批评，在内心深处，孩子也愿意借别人的提醒来改善自己的行为，最后赢得他人的肯定与尊重。

好妈妈如是说

妈妈不要忽视孩子的每一个错误，让孩子看到因为他的错误而造成的后果，比如孩子调皮地踩折了鲜花，让他看着花儿如何逐渐枯萎，只有明白了失去的珍贵，才能懂得珍惜的价值。认真对待孩子的小错误，不是对孩子的苛刻，而是一种长远的关怀。

1. 告诉孩子，勇敢地承认错误是一种可贵的品质

勇敢地承认错误是一种可贵的品质，也是孩子不断进步、健康成长的性格基础。几乎所有的成功者，都具有面对过错敢作敢当的优良性格。敢于承认错误、担负责任才能从中吸取教训，不会再犯同样的错误，在人生的旅途中才能不断前进，实现美丽的梦想。

2. 对犯了错的孩子耐心教导

孩子犯了错误，妈妈不要责怪孩子，要耐心地教育孩子，让孩子明白为什么会犯错误，不要把错误推到他人的身上，应该鼓励孩子站出来，勇敢地承认自己的错误，这样孩子才能成长为一个敢作敢为、勇于负责的人。一个具有勇敢无畏、敢作敢为性格的人，不会因为犯错而停下脚步，也不会因犯错而逃避责任，而是从失败的阅历中取得经验，吸取错误的教训，努力寻找可以弥补错误的办法。对于一个勇于面对错误又设法加以弥补的人，人生的回馈也会更加丰厚。

3. 重视每一件小事

作为家长，要重视每一件小事，不能因为事情很小而纵容孩子。实际上，任何一个小错误都有可能引起严重的后果，造成不可挽回的损失。所以说，“面对错误，敢作敢当”应从小错开始。如果孩子说了一句脏话而不加以引导纠正，久而久之，他也许就会养成粗鲁、暴躁的性格。很多抢劫犯、杀人犯都是由于儿时的一些错误没有得到及时的纠正而越陷越深，最终走上了犯罪道路的。

当然，家长要以身作则，为孩子树立知错就改的榜样。如果家长犯了错误不敢承认，文过饰非，又怎么要求孩子面对过错，勇于承担呢？

总之，孩子犯了错，最好的教育就是敢作敢当，承担起责任，以负责的态度尽快弥补过失。有时候，处理得当，还能带来意想不到的效果，很可能因此而成就孩子的一生。

培养孩子责任感的几个有效方法

妈妈箴言

孩子作为一个独立的个体，理应承担一些责任，理应为自己的一些不合理的行为“买单”。培养一个孩子的责任感是促使他健康成长的必由之路，也是一个成功者的必备条件。如果一个孩子责任感缺失，那么做起事情来必定不能善始善终，做事情过程中的“自控力”自然也就会降低，稍微受到一点来自于外界的诱惑就会屈服。

成长故事

上四年级的小宇放暑假后，妈妈就让他自己制订暑假的计划。小宇很喜欢国画课，他便向妈妈要求去上国画培训班，妈妈考虑了一下，就带着他去国画培训班报了名。

开课第一天，小宇回家后，跟妈妈商量：“可不可以把国画班课程退掉？”妈妈便问：“小宇，退班的理由是什么呢？”小宇回答说：“课程有点儿枯燥。”

妈妈便跟小宇说：“之所以暑假让你自己安排计划，就是为了让你体验一下自己做决定的感觉。这国画课是你自己选择的，你得为你自己的行为负责。再说，课程已经开始了，退掉课程，培训费也退不回来了，这不是浪费吗？你再考虑一下，好吗？”

小宇觉得妈妈说得有道理，决定继续去上课。

从那以后，他再也不抱怨课程枯燥了。因为他认为，那是他自己做的决定，要对自己的决定负责任。

培训课结束的时候，小宇在培训班的国画作品评比中获得了一等奖。

小宇对妈妈说："我终于体会到了对自己负责的快乐感觉。"

好妈妈如是说

有的妈妈认为：孩子毕竟是孩子，还小，"树大自然直"，长大了一切就都好了。殊不知，孩子的责任感是应该从小培养的。平时对孩子娇生惯养，百依百顺，不舍得放手，事无巨细都替孩子想到做到，很难想象他们长大后就能体谅父母、关心他人、有强烈的责任感。而让孩子自己体验做决定或者自己做事的成功感觉，可以使孩子感受到负责任的好处，他会对此有一种美好的感觉，而这种感觉也会促使孩子走向独立，并且成为一个对自己、对家庭，乃至对社会负责任的人。

所以，妈妈要给孩子创造机会，让他体验做事的成就感，使他成为一个有责任心的人。具体来说，可以参考以下方法。

1. 给孩子足够的自由

培养孩子成为一个负责任的人，妈妈应该给他足够的自由，他想做什么，只要没有危险，只要不违背伦理道德与法律，就让他放手去做。这样，孩子做事就不会"蹑手蹑脚"，对成功也会充满期待，很容易就能取得成功，并且获得成功的快乐感觉。孩子体验到做事的成就感，就会要求承担更多的责任，久而久之，孩子就会成为一个有责任心的人。

需要注意的是，孩子还小，有时候会把事情做得一塌糊涂。这个时候，妈妈不要盲目地责备孩子，否则只能使孩子丧失信心和兴趣，也不利于孩子成长为一个有责任心的人。

2. 让孩子为自己的不良行为“买单”

让孩子为自己的不良行为“买单”，可以让孩子知道，谁造成不良后果，就该由谁负责。比如，孩子损坏了别人的玩具，一定要让孩子买了还给人家，也许对方会认为没有什么大不了的，或者不好意思收下孩子的赔偿，但家长应坚持让孩子给予对方补偿。而买玩具的钱，家长也不能轻易地交给孩子，可以让孩子通过一定的方式“赚取”。

3. 教给孩子做事的技巧

孩子缺乏做事的经验，可能会产生胆怯心理，甚至会把事情弄得很糟糕。为了避免此种情况的出现，妈妈可在孩子做事之前教给他一些做事的基本技巧，增强他的自信心。孩子在领悟了一些做事的基本技巧之后，就会把事情做得更好，即使没有做好，妈妈也不应严厉地责备孩子，而应该给孩子多一些的机会，让孩子在实践中增长经验和技能，直到取得成功。这样，他自然也就乐于去做事，喜欢去负责任。

4. 不为孩子的错误行为找借口

很多成人有时候会不自觉地替孩子找一些合理的借口，使孩子逃避自己的过错。比如，孩子在玩的时候，可能会不小心跌倒，当他因为跌倒的疼痛而大哭起来的时候，很多成人就会走过去把孩子扶起来，并且拍打撞倒孩子的东西（如椅子）说：“打你这个坏椅子，打你这个坏椅子。”其实，椅子在那里好好的，它怎么可能会犯错误呢？作为家长，我们为什么不鼓励孩子找出跌倒的原因，让他下次注意呢？其实，这是我们在为孩子开脱责任，也使孩子失去了一个认识错误的机会。

错了就要承担责任

妈妈箴言

错了就要承担责任，这是不需要讨论的。孩子做错事时，要让孩子从口头上和行为上都勇于承担责任，以此得到对方的原谅。这样才有利于孩子的成长。

成长故事

娟娟到小朋友丽丽家玩，看到丽丽有一个漂亮的小灯。这个灯的特别之处在于它的灯罩：一按这个灯罩，灯光就从灯罩的空隙洒出来射到墙上，形成月亮和星星的图案。娟娟觉得很好玩，她一遍一遍地按着灯罩，看着照射到墙上的灯光。可能是按的力气太大，这个小灯突然倒了，灯罩掉到了地上，坏了。

丽丽看到自己漂亮的月亮灯现在只剩下光秃秃的一个小灯泡，忍不住埋怨起娟娟来："你看你，按那么多次干吗？摔坏了吧。"

娟娟却说："哎呀，不能完全怨我吧，都是因为你这个灯罩太不经摔了，看来质量不怎么样。"

丽丽有点儿生气地说："这种小灯本来就是用来观赏的，又不是玩具，哪能经得起你这么折腾。"

"那我只能说声对不起了，再见。"说完，娟娟回家了。

第二天，娟娟和妈妈走在小区里碰到了丽丽，娟娟和丽丽打招呼，丽丽竟然不理她。妈妈纳闷儿地问娟娟："你们俩不是玩得挺好吗？丽丽怎么不理你了？"

"肯定是因为昨天我打坏了她的月亮灯，她生气了。"娟娟说。

妈妈连忙问她："那你有没有道歉呢？"

"当然有了，我向她说了对不起了。"

"光说对不起，有没有说要承担责任呢？"妈妈追问道。

"承担责任？怎么承担责任？"娟娟问。

"傻孩子，道歉光说对不起可是不够的。错了就要承担责任，这样才能得到对方的原谅。走，咱们去商场，再给丽丽买一个月亮灯。"

好妈妈如是说

错了就要承担责任，这是不需要讨论的，但有的孩子却总想逃避责任，他们在做错了事情后总是强词夺理："对不起，我可没有推你，是后面的人推我，你去找他吧。"有的则会闪烁其词："我……不，我没参与。我……我就是后来帮他们拿东西而已。"甚至用行为来遮掩错误、欲盖弥彰。孩子的这种言行其实不难理解，因为保护自己、逃避责罚是人的本能。

但一旦这种本能损害了他人的利益、助长了孩子的错误心理，家长就不能不予以重视了。因为一个没有责任感的孩子很难赢得他人的信赖和尊重，对他的成长也没有好处。

这种于己于人都不利的事情，妈妈一定要想办法纠正，让孩子在做了错事时，从口头上和行为上都要勇于承担责任，以此得到对方的原谅。妈妈可以从以下几方面协助孩子：

1. 先从语言上表示"我要承担责任"

孩子在做错了事情之后，光说"对不起，我错了"是远远不够的。

这除了让对方在情绪上稍微好过一点儿之外，并没有真正弥补他的损失。例如，你说：“你的游戏机被我玩坏了，真是对不起。”对方心里肯定会这么想：“光说对不起就行了吗？难道不打算把它修好吗？”

所以，这样的道歉方式往往不能令对方满意，还会让对方认为你说说就算完事，根本不想为此承担责任。因此，我们要让孩子先从语言上肯定地表示要承担责任：“对不起，我弄坏了你的游戏机，我拿去修，如果修不好，我再买一个新的给你。”

所以，孩子在说话、道歉时要善于揣摩对方的心理，说出的话要让对方舒心、放心，有利于孩子的交际。

2. 要从行为上去承担责任

孩子说了要承担责任之后，就不要把说过的话“束之高阁”、抛在脑后，这会让别人对孩子产生“信任危机”，把孩子当成一个喜欢“赖账”的“无赖”，所以，家长要让孩子在犯错之后立刻行动起来，马上把游戏机拿去修，并给对方打个电话“游戏机已经拿去修了，请稍等两天。”这会让对方觉得孩子是个值得信任的人。

等修好了或者买到新的了，妈妈还要让孩子马上拿去给对方，并附上歉意的话语：“对不起！耽误你玩游戏机了。”这样，不但没让孩子的形象受到丝毫损失，反倒让对方觉得孩子是一个会说话、口才好，同时又勇于承担责任的“靠谱少年”。

赏罚分明，让孩子为自己的言行负责

妈妈箴言

孩子做错了事，要适当地惩罚，孩子干了一件好事，当然也要给孩子奖赏，奖赏不一定多贵重，能达到鼓励的目的就好。赏罚分明的妈妈才能让孩子为自己的言行负责，慢慢让孩子懂得什么叫责任。

成长故事

别看扬扬年纪小，可他却是个十足的小球迷，总是在完全不懂足球的妈妈面前津津乐道地讲着那些精彩又经典的比赛过程。妈妈不忍心破坏扬扬的兴致，只好点头迎合。有时扬扬还会拉着妈妈一起看电视里的球赛，妈妈坐在旁边，哈欠连天地说："踢得不错，踢得很准，跑得很快……"妈妈觉得孩子喜欢足球、爱踢足球、爱看球赛并没有什么不妥，体育活动对身体有好处，沉迷体育至少要比沉迷网络游戏要好得多，只要不影响学习，她还是很支持的。

可这次发生的事情却让妈妈产生了干涉儿子兴趣的念头。怎么回事呢？原来扬扬为了看直播的球赛，竟然擅自做主地逃课了。老师打来电话，妈妈赶回家一看，扬扬果真坐在电视前面看得十分投入，完全忘记了今天并不是周末。

“你怎么没去上学？”妈妈气得不行。

“我，我就看一会儿，这是直播的，这场比赛很重要。一会儿他们踢完了，我马上回去上学。”扬扬说。

“岂有此理，你忘记自己还是个学生了吗？就算是大人，也不能因为要看球赛就随便旷工啊。谁给你这个胆子逃学的？还懂不懂什么是学生应该遵守的规矩了？”妈妈连珠炮似的批评道。

“你小点声，我都听不清解说了。”扬扬没好气地说。

“还看？把电视关了，赶紧上学去！”妈妈指着电视说。

“让我再看一会儿。”扬扬说。

“不行。”妈妈走过去，关掉了电视。

扬扬急得都快哭了，脸憋得通红，不停地喘着粗气。“这是要和我吵架？”妈妈心想，她看了一眼手表，离放学时间也就半小时了，就算现在让扬扬去学校，也来不及了。

“那你就继续看吧。”妈妈说道：“以后再敢逃课，我绝不轻饶你。”

“谢谢妈妈。”扬扬如释重负。

“别谢我，我还没说完呢，别以为这次就算了。你选择了逃课看球赛之前，就应该想到这是一个让老师和家长不允许的行为，是会受到惩罚的行为。我们本来约好周末要去游乐场玩，现在你失去这个机会了，周末的时候，你就好好在家学习，把今天落下的课程补回来吧。”妈妈说道。

好妈妈如是说

当扬扬的爱好成为阻碍他正常学习、让他肆无忌惮地破坏规矩的原因时，妈妈没有纵容，也没有严厉地责骂，而采取了赏罚分明的方法，平时表现好而赏的“周末去游乐园”，如今因为扬扬的不守规矩而被罚没了，这种处理方式对于扬扬是很有效用的。

对类似这样做事没规矩的孩子，如何才能“赏罚分明”呢?

1. 让孩子明白自己这么做的原因

不管是奖赏还是处罚，妈妈都应该向孩子说明自己这么处理的原因，让他更明确地懂得什么样的言行会有什么样的后果，自己不同的选择会导致家长不同的处理方法，让孩子渐渐在规则和秩序中学会为自己的言行负责，凡事能三思而行，做错了事情也能有所承担、不逃避责任。

2. 奖赏不一定是物质和金钱上的

经常用物质和金钱作为孩子表现好的奖励，有可能会加重孩子的自私心理和功利心理。言语上的表扬、行动上的支持才是最好的奖励方式，孩子的自私冷漠不是用物质和金钱可以纠正的，心理问题还需要心药医。认识到这一点，与其明确指责孩子的冷漠自私，还不如挑他好的表现予以表扬，只要孩子做得对、遵守规则，即使在公共场合有些尴尬，妈妈也应该投注更多的爱和关心，让孩子获得一种被认可的感觉，他就能向着这个方向提高对自己的要求，做得更好。

3. 不要把惩罚当成“棍棒教育”

这里的处罚千万不要理解成“棍棒教育”。虽然我们可以理解，家长看到孩子犯错误，往往压不住心头的怒火，想要给孩子点厉害瞧瞧，让他长点记性。但“棍棒教育”其实不能算是处罚，它本质上只是一种对孩子的威慑方式而已，单纯的责骂会带来精神上的伤害、粗暴的责打会带来身体的伤害，它们都是以伤害孩子的形式表现出来，而不是以教育孩子的形式表现出来。这会造成孩子挨了打还不知道是因为什么的结果，自然也不会从被打里面吸取到什么教训，反而认为妈妈对自己只有恨没有爱。所以，每当遇到孩子犯错的时候，妈妈要平复情绪，掌握分寸，完全可以用动口不动手的方法来处罚孩子。有时甚至也不需要把批评指责的“动口”当成唯一的处罚方式，还有一种更好的“处罚”能在不伤害亲子感情的基础上，让孩子承担做错事的后果，那就是罚孩子去做一些有意义的事情，这远比批评责打更有效果。

例如，“你把脏袜子随便扔在地板上，这样做是不对的。你必须在5分钟内把它们捡起来，否则你将失去今晚看电视的机会”“我为什么会生气？是因为你对我撒了谎。所以我已经失去了明天陪你一起去买玩具的心情了，买玩具的事情只能推迟到下一个星期了”。家长在执行惩罚的过程中，必须做到对事不对人，不要把惩罚作为发泄自己对孩子的不满情绪的方式，要让孩子明白这些惩罚是因为他破坏了规矩的不当行为造成的，犯错误是要接受惩罚的，不要对孩子做人身攻击，不然不仅会伤害孩子的自尊，同时还会让他对遵守规矩产生反感。

处罚不意味着教育的结束，妈妈必须在处罚之后和孩子沟通，一起深入分析犯错误的原因，告诉孩子怎样做才能防止再犯类似的错误，只有这样才能起到应有的惩罚效果。

帮孩子认识到对他人和社会的责任

妈妈箴言

从孩子呱呱坠地那天起，他就是一个独立的人。在社会中，每个人在享受权利的同时，也有必须要尽的责任，孩子长大后也是如此。因此，孩子的成长不仅是身体和智力方面的，还包括人格和人品方面的。家长要帮孩子认识到对他人和社会的责任，从小培养孩子的社会责任心。

成长故事

馨馨出生在一个教师家庭，父母都是中学的老师，虽然家庭的收入非常有限，但家庭教育却做得非常全面。也正因如此，他们将馨馨培养成了一个懂事听话的好孩子，馨馨每天放学回家，不但主动帮助父母做家务，还会准时去写作业，她的每一门功课都很优秀。在学校里，馨馨还是个乐于助人的孩子，遇到哪个同学有困难，她总是第一个上去帮忙。

在馨馨四五岁时，妈妈就已经跟她商量好了，他们制定了一张“值日表”，轮到谁值日，谁就要扫地、擦桌子、洗碗。当时，有人认为这对于一个5岁的孩子来说太难了，但是馨馨却表现出很大的兴趣，并积极配合妈妈。虽然她做得不是很好，却毅然坚持了下来。从小就成为一个“干活能手”，这也使馨馨树立了“自己事情自己做”的观念。

馨馨上小学以后，从报名、交费到写作业、整理书包，妈妈从来都不帮她的忙，一直让她自己去面对。妈妈认为，一个孩子从小就应该有一定的责任感，凡是自己的事情，应该自己去面对、去解决，决不能盲目包办，否则，一旦孩子依赖惯了，便会养成懦弱的不良性格。

不仅如此，馨馨每次犯了错误，妈妈都会让她自己承担错误的后果。

有一次，馨馨在外面玩耍时，不小心把邻居奶奶的一盆花撞倒在地。奶奶看到是馨馨，连忙说“算了、算了”，但是妈妈坚持让馨馨自己去为奶奶种一盆新的花，但买花盆、花种都需要钱，于是便拿出了20元钱对她说：“这是暂时借给你的，你要想办法赚回来还给我。”

也许，这对于其他孩子来说无法接受，但馨馨拿过钱，二话没说就赶紧去忙活了。过了一段时间，馨馨通过自己积攒废纸、卖汽水瓶，终于攒够了20元钱还给了妈妈。通过这件事情，馨馨懂得了为自己行为负责任的道理，这让她日后做任何事情都会先想想事情的后果自己能不能承担，然后再去做。

在这样的家庭教育之下，馨馨总是比其他孩子懂事很多，而且更有自制力、更孝顺。当别的孩子都跟家里要新玩具、要电脑时，馨馨却从来都没有要过，因为她知道父母赚钱不易；当别的孩子都在网上聊天、玩游戏的时候，馨馨却在努力做功课，并帮助爸爸妈妈做家务减轻负担。

好妈妈如是说

妈妈要有意识地培养孩子的社会责任心，比如，当孩子做了对不起别人的事，主动向别人道歉；不小心摔坏了别人的东西，道歉并赔偿；当别人有困难时，主动帮助等，虽然只是日常生活中的一件件小事，但有利于培养孩子的责任意识，让他明白自己要对事情负责。

家长如果一直把孩子呵护在温室下，避免孩子经历风吹雨打，长此以往，很容易让孩子在日后的生活中形成自私、专横、冷漠和孤独的性格，对他人漠不关心，并缺乏责任感。这样的孩子长大后如何能对自己的人生负责？对他人和社会负责？

从今天开始，就请妈妈放开手吧，让孩子走出温室，勇敢去闯，让他们为自己的事情而紧张忙碌，也为别人和社会提供帮助。

1. 放手，让孩子对自己负责

让孩子学会打理自己的生活。比如，床铺自己整理好；家庭作业自己独立完成；学习要认真负责；要每天锻炼身体；做事情必须有始有终；生活中遇到事情要征询妈妈的意见，然后尽量自己拿主意、做选择。

2. 放手，让孩子对他人负责

培养孩子对他人负责，妈妈应该教孩子学会做下列事情：当老师和同学需要帮助时，热情伸出援手；跟同伴游戏时，能倾听和接纳意见；

家人生病或不舒服时，知道问候和关心；做错事情，懂得道歉和改正；记得自己向同伴和家人承诺过的事情，并争取说到做到。

3. 放手，让孩子对集体和社会负责

培养孩子对集体和社会负责，妈妈应该让孩子做以下力所能及的事情：爱护公共环境，不乱扔垃圾；遵守学校规则，不迟到不早退；积极参加班集体活动，为集体贡献自己的一份力；愿意与他人分享自己的玩具或图书；当远方的人们遭受困难时，奉献一点爱心。

做家务，帮孩子找回归属感

妈妈箴言

有的孩子可能习惯了有妈妈的照顾，常常忘记自己的责任，从来不主动做家务，甚至叫他做，他还装作没听见；或者找借口说“没见我正忙着吗，还让我做家务”；实在躲避不了之时，也要妈妈不断地催促，才勉强去做。让这类孩子做家务，重点应放在习惯的培养上，从简单的家务开始提出要求，先让孩子做些和自己相关的家务。

成长故事

绵绵小时候，总是喜欢和妈妈抢着做家务。妈妈拿抹布，她也拿抹布；妈妈拿拖把，她也拿拖把，但大多数时候，没有帮上忙，反而把家里弄得乱七八糟。妈妈看不下去了只好对绵绵说：“不用你帮忙，你玩去吧。”

绵绵却说：“我就喜欢帮妈妈的忙。”

“妈妈不用你帮忙，你就别给我捣乱了，这里我已经收拾完了，你又给我弄乱了。”妈妈说道。

“我觉得这里应该这么收拾，我想……”绵绵话还没说完。

“我是妈妈，我说了算，不用你操心了。”妈妈拒绝道。

就这样，在一次次地被拒绝之后，绵绵渐渐地不再和妈妈抢着做家务了。每当妈妈收拾家的时候，她总是会心安理得地坐在沙发上玩着玩具、吃着零食。家务活太多的时候，妈妈来找绵绵帮忙，绵绵却说：“你不是总说不让我帮忙吗？”

“就帮我一个小忙。”妈妈说道。

“我不会，我不想，你自己做吧。”绵绵跑开了。

“你给我回来！”妈妈喊道，追过去拉住了绵绵。

“我不干，我就不干！”绵绵顺势发起脾气来。

原来想给妈妈帮忙，被妈妈说我添乱，从那以后我就想：还是自己玩去吧，别没事找事了。所以干脆就享受起来，习惯了在家里有妈妈无微不至的照顾，她突然让我去做家务，我一点儿都不习惯呢，觉得完全是和自己没关系的事情。

好妈妈如是说

每个家长其实都希望自己的孩子勤劳、动手能力强，但是现在便捷的城市生活加上家长的呵护，让孩子很少能接触到家务活，孩子的锻炼机会从何而来呢？

有的妈妈是全职太太，照顾孩子是她们的核心任务，所以基本上没有什么需要孩子去做的家务，毕竟家务活既琐碎又枯燥，孩子愿意就做，不愿意就算了；加之现在的孩子平时上学很辛苦，周末还要参加兴趣班，除了吃饭睡觉，大部分时间都用来学习了，家长体谅孩子，因此不仅不让孩子做家务，就算孩子主动要求做家务，一般情况下也会被委婉地拒绝。多数情况下，孩子没有生活技能，做起事情来经常笨手笨脚的，让他洗碗，结果脏水溅湿了衣袖、流在了地上，甚至失手打碎了碗盘，妈妈就不得不给他洗衣服、打扫厨房，为孩子的帮倒忙收拾烂摊子，还不如自己做省事，于是就对孩子说出了绵绵妈妈的话“不用你帮忙，你就别给我捣乱了”，孩子因此渐渐失去了做家务的机会和兴趣。但家务活真的有这么琐碎、耗时、高难度，以至于不适合孩子去做吗？答案是否定的。琐碎、耗时、有难度或许是家务活最烦人的地方，但也是最锻炼人的地方。

对比研究发现，中国的妈妈像保姆一样为孩子服务，而在国外是妈妈像使唤保姆一样使唤孩子。像保姆一样为孩子服务，好吗？可以肯定的是，这不是照顾孩子，是在害孩子。久而久之，孩子就会觉得父母为自己所做的事情都天经地义，没有感恩之情，甚至对父母的指令也懒得服从，孩子渐渐在家中失去了归属感，形成连父母都觉得惊讶的“自私冷漠”。而且，由于生活技能的缺乏，这些被娇惯的孩子长大之后也很难融入社会生活，别人会的事情，他却不会，难免会产生内向自闭的情况。

所以，妈妈不仅需要督促孩子认真学习，还需要制造机会去培养孩子的动手能力，让他明白：每个家庭成员都有为家庭做贡献的义务。做家务不仅能让孩子放松学习中紧张的神经，培养动手能力，学会一些基本的生活技能，为家庭做贡献，还能让孩子认识到家务在生活中的必要性和内在价值，从中找到自己的归属感，并且在自己做家务的切身感受中体会到妈妈平时照顾他的那份辛苦，学会珍惜妈妈的劳动成果，从而融洽家庭气氛，密切亲子感情。

那么，妈妈该如何引导孩子力所能及做家务呢？

1. 引起孩子的兴趣

让孩子做点家务，不一定要求孩子实实在在能帮父母什么，在乎的不是孩子的贡献度，在乎的是孩子的积极参与、主动参与。所以，妈妈应根据孩子的年龄特点、身体状况、家庭的实际情况，给孩子分配一些力所能及的家务，使孩子逐步意识到自己在做有益的事情。记住，这个事情最好有一点儿挑战性，能引起孩子的兴趣，但又不至于难度较高、令他做得沮丧泄气，这样才能为孩子带来成就感和再次做家务的动力。

2. 教会孩子做家务

孩子做家务不是天生就会的，他需要一个学习的过程。妈妈应耐心细致地为他讲解并示范如何做家务，明确做某项家务的先后步骤，每个步骤要达到的效果及标准。在通俗易懂的说明中，让孩子了解为什么这样做和怎样做，以自己对劳动的热爱之情来感染孩子，给孩子树立一个良好的学习榜样。妈妈还要允许孩子适当犯一些错误，让他有机会在挫折和错误中得到经验，要避免过分挑剔、追求完美。

3. 给孩子合理分配家务

家庭中孩子能够胜任的家务有很多，比如洗洗袜子之类的小物件、端菜、收拾餐桌、整理鞋架、收取快递等。这些看似很小的家务活，对孩子来说却能获得很大的收益。周末时，妈妈可以给孩子安排能够在一个小时之内完成的家务量，并且告诉孩子，把家打扫干净后，全家可以一起去附近的公园玩；暑假的时候，妈妈可以让孩子每天承担更多的家务，制订出详细的分工计划书，有序实施。

4. 鼓励孩子做家务

孩子十分希望自己的劳动能得到妈妈的肯定，所以在孩子做家务的过程中，请不要吝啬自己的表扬和鼓励，这可以保护孩子的劳动积极性。

5. 让孩子学会合作

很多家务活往往不是一个人的力量就能够完成的，妈妈可以通过和孩子的合作来教会他明白团队合作的概念，教他如何进行团队合作、相互理解、分享讨论，从而锻炼他的协作能力，养成家人之间互相尊重的习惯，并把这种习惯延伸到家外，对待朋友、客人都能够热情友善，远离自私冷漠。

第四章

爱思考：用独特思维成就孩子未来的竞争力

充满好奇心的孩子，对什么都喜欢弄个明白，喜欢“打破砂锅问到底”，这是孩子思考的一个过程，妈妈也要鼓励他积极思考。小小“探险家”的每一次独特的思维都是一场奇妙的魔幻之旅，他用奇思妙想探寻着这个世界的秘密。

不要打击孩子的异想天开

妈妈箴言

孩子好奇心强、想象力丰富，经常会说出不可思议或不太现实的话，不少家长将此看作是胡编乱造，认为孩子是在瞎胡闹。其实，这是一种大胆的想象，妈妈不应该指责和打压，而应该鼓励和引导，这有利于培养孩子的创造性思维。

成长故事

一天晚上，大培和妈妈去表妹家，一进屋，就听到表妹正批评 9 岁的外甥："你看你的作文，这写的是什么啊，全是胡思乱想……"

原来，外甥写了一篇题为《长大了我想做什么》的作文，他是这样写的："我喜欢汽车，我想长大后成为一个汽车发明家，我要发明一种汽车，不但能在地上跑，还能在水里游，更能在天上飞，在树上爬，那样我想去哪里就去哪里，堵车我也不怕……"

大培欣赏完外甥的作文，赞扬道："作文写得很不错啊！"随后他问表妹为什么要批评外甥，表妹说："这哪里叫作文，简直是胡闹，异想天开。"

大培说："异想天开很好啊，这叫想象力，你不知道吧，爱因斯坦说过，想象力比知识更重要。这是妈妈告诉我的。"见表妹露出了惊叹的表情，大培说："妈妈给我讲过一个故事，现在我讲给你听。"

大培说："有个农夫带着两个孩子去庄园收割庄稼，一个孩子问：'爸爸，大雁要飞到哪里去啊？'农夫告诉儿子：'天冷了，大雁要飞到暖和的地方过冬。'另一个孩子说：'如果我们也能像大雁那样飞多好啊。'农夫笑着鼓励儿子：'嗯，想法很好，只要你们努力，一定能飞起来。'多年之后，这两个孩子发明了飞机，他们就是莱特兄弟。"

听了大培讲的故事，表妹知道自己做错了。

好妈妈如是说

看看人类科学发展的历史吧，很多事实都证明，当初那些被人嘲笑或被人怀疑的言论、思想，最终变成了现实的科研成果。科幻小说大师儒勒在作品中提到登上月球，一度也被人们认为是不现实的，但后来人类真的登上了月球。

莱特兄弟说想像大雁一样在天空飞翔，父亲没有嘲笑他们，而是鼓励他们努力去实现这个愿望，结果他们真的做到了。由此可见，当孩子冒出了一种新奇的想法时，妈妈真正要关心的不是孩子这个想法本身，而应该肯定孩子敢于异想天开的精神，并努力诱发孩子潜在的想象力和思考力。为此，家长要注意以下几个方面：

1. 不要用成人思维教育孩子

孩子们的好奇心和想象力比成人要丰富很多，很多在成人看来十分幼稚的行为，恰恰是孩子创造力的表现。因此，妈妈要站在孩子的角度教育孩子，否则很容易扼杀孩子的创造力。妈妈不妨转换一个角度，想想自己小时候，是不是也和孩子一样充满奇怪的想法。因此，妈妈要多鼓励孩子，引导孩子，从而呵护并激发他的创造性思维。

2. 赏识孩子的创新想法

当孩子说出新奇的想法时，妈妈不妨告诉孩子："来，细细地说说你的想法。”当孩子做出反常规的事情时，妈妈可以对孩子说：“你真不简单，做出这么有创意的东西。”通过这样的鼓励，让孩子敢于幻想，敢于创新，敢于打破常规。

妈妈还要告诉孩子：“世界上很多幻想最开始都可能被人说成是‘异想天开’，但是后来成为了现实，因此，只要你敢于思考，付出努力，就有可能实现自己的想法。”

3. 给孩子异想天开的空间

当孩子对你说：“妈妈，月亮真好看，像一只明亮的灯泡”，你可以告诉他：“你形容得真恰当，你再想想，觉得月亮除了像明亮的灯泡，还像什么呢？”通过这种提问，可以进一步引导孩子想象。

太听话的“好孩子”未必好

妈妈箴言

听话的孩子是妈妈心中的好孩子，因为人们总是认为，“好孩子”都是听话乖巧、循规蹈矩、从不调皮捣乱的。培养听话的“好孩子”，也是很多妈妈的目标。但是，这个“好孩子”，也给妈妈带来了很多担忧和苦恼，因为，太听话的“好孩子”未必好。

成长故事

婷婷从小就是妈妈的“乖孩子”。上小学之后，妈妈觉得女儿从小长得不错，比同龄人高，跳跳舞有助于增强身体的柔韧度，培养女性的肢体美，就自作主张给孩子报了舞蹈班。其实婷婷喜欢的是写作，她觉得是妈妈安排的，就一定是对她好的，于是她舍弃了周末写作的时间，去上了舞蹈班。

跳舞班上了一段时间，婷婷觉得自己根本没有跳舞的天赋，觉得跳舞没有一点儿意思，每天重复枯燥的舞蹈动作。她从始至终都没有跟妈妈说过这件事。

到最后，舞蹈能力没提上去，写作能力也没以前好了。

好妈妈如是说

太听话的孩子，他们从小生活的原则就是要成为妈妈心目中的乖孩子。在家绝对要听妈妈的话，在学校绝对要听老师的话，不敢越雷池一步。他们不敢表达自己的愿望，也不敢反抗大人的意思，久而久之，使自我受到极大的压抑，往往会造成两个结果：孩子患上各种各样的心理疾病，或者是孩子产生强烈的逆反心理，变成一个坏孩子，甚至走上违法犯罪的道路。

孩子太听话，坏处不仅仅如此。如果孩子什么事情都听妈妈的，也就失去了自己。这样的孩子长大后墨守成规、唯唯诺诺、不求上进、缺乏创新意识。由于习惯性地依赖于妈妈，太听话的孩子做事缺乏责任感、不懂得思考，长大后也难有作为。另外，在家里被要求听话听惯了的孩子，难免会将这种人际交往方式迁移到与他人的交往中，总是处在一种人强我弱的位置上，就会变得十分懦弱。

孩子适度的“不听话”，是天性的使然，而如果过分逼迫孩子“听话”，即是压抑了孩子的天性，这对孩子是一种伤害，而对国家社会来说，这也是一种损失。

冰心老人曾经说过：“淘气的孩子是好的，调皮的女孩是巧的。”所以，允许孩子的“不听话”，才能发展孩子的个性，培养孩子的兴趣，激活孩子的潜质。因为，孩子们看到的世界是独特的，他们的想象力是很丰富的，如果用成人的思维方式对他们粗暴地干涉，就会扼杀他们的想象力和创造力。给孩子一点“不听话度”就是对他们创造思维、创造欲望的保护。所以，妈妈要容忍孩子“不听话”，可以保护孩子的想象力，激发孩子的创造力。

当然，允许孩子适度“不听话”，并不是完全放任孩子不加以管教，允许孩子“不听话”指的主要是思维上的“不听话”，孩子可以有自己的想法，但是行为上要基本听话，整天打架、骂人是不行的。孩子还小的时候，以听话为主，要培养良好的行为习惯，孩子大了应给一点“不听话度”，甚至行为上也可以有自己的做法。

失败也有值得肯定的地方

妈妈箴言

看到孩子失败了，妈妈大概都会感到不舒服，其实失败并没有什么，不要害怕孩子失败。如果因孩子失败而生气，然后批评孩子，使孩子没有从失败中学习，这样孩子就难以取得进步。

成长故事

某学校举办了一场少儿才艺表演大赛，有一个小孩子很努力地表演，但还是不幸地被淘汰出局。他站在台上，哭得很伤心。主持人想了很多办法安慰他，都无法止住他的泪水，最后他很不情愿地被妈妈拉下台。

在后台，只见妈妈一把抓住小孩子瘦弱的肩，大声说："你真没用，这么大的人了还在那么多人面前哭，把我的脸都丢尽了。"之后，妈妈又开始数落儿子糟糕的表现，小孩子低垂着头，一声不吭。

好妈妈如是说

失败其实是学习的机会。有位著名的企业家说过："千万不要害怕失败，害怕失败就会畏缩不前！"没有失败，孩子就难以取得进步。

著名科学家史蒂芬·葛莱恩在医学方面取得过十分重要的成就。当记者采访他，问他为什么比别人更有创造力时，他的回答是："这一切与母亲对我的教育有关。"紧接着，他讲了一件小时候发生的事情：

一次他不小心把牛奶弄洒在地上，妈妈不但没有批评他，还说他有创意，在地上弄出一片牛奶的海洋。然后，妈妈让他在牛奶上玩，还教他清理烂摊子，最后妈妈不忘教他怎么拿牛奶瓶才不会脱手。

史蒂芬·葛莱恩说，这件事以后，他不再害怕犯错误，因为他知道错误往往是学习新知识的良机。科学实验也是这样，即使失败了，也可以促使人思考，带给人有价值的东西。

孩子在成长的过程中，遇到失败是难免的，父母应该明白，失败是一种学习的契机，应该允许孩子失败，引导他思考、总结失败的原因，这才是真正的爱孩子。

1. 鼓励孩子大胆尝试

孩子好奇心强，看到大人做什么，便也想尝试。比如，看到爸爸骑自行车，虽然自己连自行车都扶不稳，但也阻止不了他那颗敢于尝试的心。见妈妈洗衣服，也想一起洗。这都是孩子好奇的表现，如果妈妈鼓励孩子大胆尝试，就能给孩子提供独立的机会。即使孩子在尝试中失败了，只要不打击孩子，而是鼓励他，就很容易引导孩子思考失败的原因，然后总结经验，不断改正，不断进步。

如果不让孩子尝试，或者在孩子尝试失败后批评孩子，就容易使孩子今后变得不敢尝试。不敢尝试的后果是很严重的，有个围棋家说过："不尝试是无法知其成败的。"因此，当孩子要求做某种尝试时，即使家长知道有许多困难，成功的可能性很低，也应该给孩子一个机会，让他们自己去接受考验。

2. 让孩子明白"失败是好朋友"

失败是阻碍，是拦路虎，是敌人，很多人把失败当成坏东西，唯恐避之不及。其实，反过来想一想，失败并没有那么可怕，失败可以帮助一个人积累经验，使人从中反思自己，改进做事的方法。如果没有失败，很多人会自以为了不起，看不到自己的缺点和不足，这样就没有进步的空间。从这个角度说，失败完全称得上是良师益友。

在对待孩子的失败时，妈妈首先要有宽容的态度，如果孩子失败之后，妈妈并没有表现出生气和失望，那么孩子的沮丧心理就没那么强烈。如果妈妈还能进一步告诉孩子："失败不可怕，它是你的好朋友，你好好对待它，它就会帮你走向成功。"怎么对待这位特殊的朋友呢？那就是让孩子从中总结经验教训，改正做事的方法，从而努力在下一次的尝试中取得成功。

用“诱导法”开发孩子的智力

妈妈箴言

每个刚出生的孩子都有巨大的潜力，为了更好地开发孩子的智力和内在潜力，称职的妈妈总会运用各种方法培养、开发自己的孩子的智力，使他们成为真正的人才。妈妈要善于运用“诱导法”开发孩子的兴趣和智力。

所谓“诱导法”，简单来说就是妈妈给孩子设置一个经过努力就能达到的目标，并借用某种间接的方式对孩子的心理和行为产生影响，从而使孩子按照一定的要求去行动的方法。

成长故事

在可儿较小的时候，妈妈就开始和她做游戏，常常会拿一个东西，让可儿猜猜是什么形状，还做“谁大谁小”的游戏，让她初步认识物体的形状、大小；稍大一些，妈妈就通过做游戏让她认识“1 ~ 10”的数字。再大一些，就和可儿玩扑克牌，比较数字大小……

正是妈妈对可儿从小的诱导，可儿对数字相当敏感，连老师都夸可儿在数学方面有天分。

好妈妈如是说

如果孩子对你的说服出现抵触情绪，“诱导法”是一种不错的家教方式。妈妈在运用“诱导法”开发孩子智力时，要注意以下几点。

1. 设置适中可行的奋斗目标

妈妈可给孩子设置一个具体的奋斗目标。如果目标设定得过高，孩子经过努力也很难达到，就会在家庭教育中失去学习的兴趣和信心；而如果目标设定得过低，轻易就可达到，也起不到激励的作用。

所以，只有设定适中可行的奋斗目标，既可以让孩子经过努力达到，又可以给他体验成功的喜悦和满足感的机会，这种喜悦和满足感会增强孩子的自信心，从而让他主动情愿地去完成提出的下一个奋斗目标。

当然，对孩子来说，不一定只给他设定学习目标，也可以设定生活目标，比如好习惯养成计划、每天进步一点点等阶梯式目标；还可以是每星期改正一个缺点、每天学做一项家务、每年学习一门技艺等，促进孩子全方面发展。当孩子在完成其他目标中获得了成功感和快乐，再面对学习目标时，就不会显得那么吃力了。

2. 引导孩子参加实践活动，能满足孩子的好奇心和求知欲

在实践中培养动手能力，帮助孩子找到自己动手成功的兴奋点，使孩子能在实践中增长知识，这样经过多次实践，取得一次又一次的成功，会增强孩子追求知识的兴趣和自信心。兴趣是求知的老师，是发展智力非常重要的内动力，自信心是获得成功的必要条件。

妈妈是孩子的第一任老师，当“老师”的要及时更新知识、有广阔的知识面，才能肩负起教育孩子的职责，解答孩子提出的各种问题，帮助孩子解决在实践中遇到的种种困难。

妈妈要耐心地解答孩子因对事物的好奇而在头脑里产生的许许多多的问题，这种现象表明孩子在动脑、在思考，妈妈帮助孩子解开了谜底，使孩子的求知欲和好奇心得到满足，这有利于智力开发。

妈妈在孩子动手实践过程中碰到困难时，应适当地给予指导，帮助孩子获得成功。当孩子出于好奇拆坏某物时，妈妈切不可采取打骂等方法教训孩子。这会挫伤孩子的好奇心，打击孩子的求知欲。

只有在实践中学习知识才能学得主动，学得生动，学得扎实。

3. 善于运用仿生思维法

以生物为参照，模仿其原型进行思维的一种方法称之为仿生思维法。这种思维能增强孩子的智力。

妈妈面对孩子提出的各种问题，要进行循循善诱的引导，这要求妈妈必须掌握一些生物学的知识。一般具有中学程度的妈妈就受过这方面的教育，有了一定的基础。为了扩大知识面，妈妈还必须博览群书，订一些生物学的杂志，关心生物学的科研成果，不断地充实自己。

4. 用游戏诱导开发孩子的智力

孩子天生就爱玩，妈妈可以根据孩子的年龄特点设计游戏。妈妈在跟自己的孩子做游戏之前，首先根据孩子的知识水平不同设计一下游戏的形式、内容。对于孩子来说，太难或太简单的游戏都唤不起他的兴趣。当然，每个孩子的智能、接受能力不同，妈妈可以根据孩子的特点，设计出适合他的游戏，让孩子在娱乐中学习，促进他的智能发展。

在游戏活动中，只要妈妈愿意做有心人，就能有效开发孩子的智力。

总之，恰当地使用“诱导法”，对开发孩子的智力能起到一个有效的作用。

尽可能创造条件开阔孩子的视野

妈妈箴言

一个人视野开阔，也就是我们常说的“见识多”。对于还是学生的孩子来说，拥有广博的知识和各种能力，才是他学习最主要的日的。我们经常会听到孩子问我们很多“为什么”，这是他求知欲旺盛的表现。不过，我们也要适当地反问孩子几个“为什么”，以调动他对知识探索的兴趣。

成长故事

自从小越上小学以来，妈妈发现他除了看看课本，很少再接触其他知识类书籍，学习上也比较死板，知识储备明显不够。于是，妈妈决定要帮小越“打开”视野。

妈妈有时候会用生活中遇到的各种生活现象来对小越提出问题，比如，为什么“开水不响，响水不开”；有时候，她还会向小越“求助”，比如，她会问他怎么才能用最短的时间安排好做饭洗衣这些家务活等。通过这些提问，小越的求知欲被充分调动了起来，他为了解答妈妈的问题，就必须要去翻看更多的资料，为了能“帮”到妈妈，他也必须要好好复习书本上的知识，并通过动手来进行实验。后来，小越不用妈妈再问，自己就会找问题去查资料了，他懂的越来越多，妈妈再也不用为他担心了。

好妈妈如是说

其实，我们的问题就是在为孩子打开一扇未知的门，就像小越的妈妈对小越的提问一样，这些问题有的就发生在我们身边，孩子虽然熟悉却不了解，因此很能引起他的兴趣。当然，我们的问题要注意不能太幼稚，要根据孩子的认知水平来提问；同时问题也不能太深奥，否则孩子光弄懂问题是什么可能就要花费很长时间，这就与我们的初衷相悖了。

1. 适当带孩子了解一些新鲜事物

有的妈妈很不愿意孩子接触新鲜事物，因为孩子原本好奇心就强，新鲜事物对他具有极强的吸引力。她们害怕孩子总是“惦记”新事物而不再专注于学习这个本业。但是，妈妈越不让孩子去认识新事物，他可能就越发好奇。所以，我们可以适当带孩子了解这些新鲜的东西，这也是帮他开阔视野的一种好方法。

我们在让孩子了解新事物时，可以在旁边加以引导。比如，带孩子看最新的科技展，我们可以告诉他这些新科技都是需要人们不断学习、研究才得以实现的。如果他也想了解其中的奥秘，就要学习更多的知识。

对新鲜事物的了解，不仅会扩大孩子的知识领域，同时我们的引导还能激发他的上进心，使他也可能产生创造更多新事物的梦想。这样一来，孩子对学习就会更加有兴趣。

2. 为孩子圈定一个“视野范围”

我们虽然要为孩子的视野开阔创造条件，但与此同时，我们也要为他圈定一个“视野范围”。因为新鲜事物除了有好的，还有坏的，比如新式样的毒品。孩子还不具备足够的是非分辨能力时，在好奇心的驱使下，他也许就会对所有新鲜事物都产生兴趣，而不去考虑好坏。

充分调动孩子的探索、求知欲望

妈妈箴言

我们都知道孩子好动，对一切他感到好奇的事物，都想要去动一动，想要弄清楚那是什么、做什么用的。其实，这就体现了孩子的一种求知欲望。这时，妈妈应充分调动孩子的探索、求知欲望。

成长故事

曾经有一位妈妈讲过这样一个故事：

有一天，我看见孩子趴在地上，我很好奇他到底在干什么，便没有打扰他。我也趴了下来，就趴在了他的旁边，想要通过孩子的视角看他到底在看什么、干什么。

后来，我发现他原来在观察一只蜗牛，他在看蜗牛走过后留在地上的印迹，他还时不时地去摸一摸那黏糊糊的印迹。很长时间，孩子一直趴在那里，直到后来我站起来走掉，他还在专心致志地看着蜗牛。我想，这就是孩子与生俱来的一种探索精神和好奇心吧。

好妈妈如是说

有的孩子想要知道蚯蚓到底是怎么“工作”的，他可能就会将几条蚯蚓抓回家，再弄一些土铺到桌子上或地上。在我们看来，孩子不仅“玩虫子”，还在家“和泥”，又脏又不像话。因此，我们可能就会直接冲他们吼叫说：“你干点儿正事行不行！”然后，我们就直接扔掉孩子的这些“宝贝”，再甩给他一句“快写作业去”。

虽然我们这样做保持了家的整洁，但我们的吼叫有可能就吼“掉”了孩子探索的兴趣；我们对他探索行为的反对与制止，也许就是在扼杀他的求知欲望。因此，我们应该保护孩子的这种探索与求知的渴望，而且还应该充分调动起他的这些欲望，使他能够学到更多的知识。那么，妈妈应该如何保护孩子的这种探索与求知的渴望呢？

1. 保护孩子的好奇心

孩子对一切他感兴趣的东西都会感到好奇，那个东西的构造、质地、作用他都想彻底了解，所以故事中的小孩子才会花费如此长的时间去看一只小蜗牛。此时，妈妈就该向这位外国教授学习，如果确定孩子是安全的，那就该允许他自由地去观察、探索，不要直接就上去制止，更不能呵斥他。

当然，有时候他还会针对他看到的东西提出各种各样的问题，妈妈也要注意保护他的好奇心，并且引导他自己去探寻答案。

2. 鼓励孩子多进行课外阅读

课内知识是孩子必学的，也是他必须要掌握的。而孩子如果想要更多地了解他生活的这个世界，妈妈就要帮他拓宽眼界。阅读不同种类的课外书就是拓宽眼界的一个好方法。

妈妈首先要为孩子准备他感兴趣的书籍，因为感兴趣，所以他才能认真仔细地去阅读，他也才愿意学习里面的知识。接着，妈妈要适当地为孩子介绍其他方面的一些书籍，使他的知识面不仅仅局限于他感兴趣的方面，让他也要了解一些其他的知识。

在为孩子选择课外读物的时候，妈妈要注意选择适合孩子年龄和个性特点的书籍，不能选择太深奥的，否则他会读不懂，也许就会因此对这些知识失去兴趣。而且，妈妈也要让孩子注意，课外阅读就是要在课外时间进行的，他要在完成自己的正常学业之后再去进行阅读，绝对不能本末倒置。

3. 多带孩子走出家门，引导他探索世界

要想探索世界，只坐在家里看书是远远不够的，所以妈妈还要带孩子走出家门，走进外面的世界。比如，妈妈可以带孩子走进博物馆、展览馆，让他在这些展览中开阔视野，学习各种他所不知道的新知识；还比如，妈妈也可以将孩子带进大自然，在保证他人身安全的前提下，任由他去探索植物、昆虫的奥秘，引导他发现植物的特点、昆虫的习性等；或者，妈妈还可以带孩子去旅游，在这个过程中，让孩子认识不同的人文地理，带他领略不同于他居住地区的山川的秀丽等。

在探索外面世界的过程中，妈妈要让孩子记住，首先注意自己的人身安全，注意不能去碰危险的东西，更不能做危险的事情；其次，在探索前最好有一个探索计划，不要盲目探索，否则他的收获是非常小的；最后，还要提醒他，探索世界与玩耍是不同的，他不能只顾着玩，否则他的探索就没有意义了。

非凡成就源于非凡的创造力

妈妈箴言

培养一个人创造力的最佳时机就是孩童时期。教育先驱陶行知先生曾指出："处处是创造之地，天天是创造之时，人人是创造之人。"创造力要从小培养，因为孩子的思维不像大人那样有条条框框，孩子的思维往往更大胆丰富，这就是孩子最初的创造力的来源。妈妈应保护、鼓励和开发孩子这种思维，让孩子成为一个富有创造精神的人。

成长故事

9岁半的乐乐是一个非常聪明的孩子，同时也是个"淘气包"。在家里，乐乐常常会做出一些令妈妈感到不可思议的举动，比如，电子玩具、小闹钟、遥控器、学习机等物品，只要他觉得有趣，就会拿去，又是玩又是拆的。

因此，家里常常会被乐乐弄得乱七八糟，妈妈为此很头痛，曾经多次告诉乐乐不能随便拆家里的东西，可是乐乐就是屡教不改，妈妈真不知道该怎么办。

一天，乐乐看到妈妈在翻箱倒柜地找东西，就问妈妈在找什么。妈妈对乐乐说，自己在找一份很重要的文件，明明记得放在桌子上了，可就是找不到。乐乐眼珠转了转，转身回到卧室里，把妈妈纸袋里的衣服取出来扔到了床上，然后拿起纸袋，找了一把剪刀在那里剪啊剪的。

妈妈走进卧室时，看到自己很精致的纸袋被乐乐剪坏了，很生气，一把夺过乐乐手中已经“伤痕累累”的纸袋，对乐乐说：“你就不能安静地待一会儿？好好的纸袋你剪了干什么？没见妈妈的衣服放在里面吗？”

乐乐被吓哭了，很委屈地对妈妈说：“妈妈这是我送给你的礼物，一个‘万能保险柜’。妈妈可以把文件放在里面，这样你的东西就不会找不到了。”

好妈妈如是说

其实正是平时的“淘气”，才培养了乐乐的创造力。面对像乐乐这样“破坏性”很强的孩子，家长们不要因孩子破坏了东西，就全面否定孩子的破坏行为，而应该认识到，“破坏”也是孩子创造力的一种表现形式。也可以说，创造是孩子的天性，关键在于家长如何看待，如何培养。

正是这些创造性的实践活动，才体现出了孩子的创造性。就如儿童教育家陈鹤琴先生所说：“儿童本性中潜藏着强烈的创造欲望，只要我们在教育中注意诱导，并放手让儿童实践探索，就会培养出创造能力，使儿童最终成为出类拔萃的符合时代要求的人才。”

家庭教育中，如何培养孩子的创造能力呢？

1. 允许孩子想法奇特

当孩子有了新奇的想法，不要否定孩子，更不要“泼冷水”、嘲笑和责备，要允许孩子标新立异，甚至是无厘头的怪想法。

2. 让孩子经常亲近大自然

经常带孩子到大自然中去玩。这样，既可以让孩子感受大自然的美，也能够让孩子从大自然中获取无穷无尽的知识，还能激发孩子创造性的思维。

3. 帮助孩子巩固所学知识，增长生活经验

创造力是在丰富的知识以及生活经验基础之上的一种爆发，对于孩子来讲，丰富的生活经验和一定水平的知识是创造力发展的基本条件。

妈妈可通过各种活动丰富孩子的生活，开拓孩子的视野，培养孩子超凡的创造力，使孩子的生活变得更加绚丽多彩。

给孩子插上想象的翅膀

妈妈箴言

孩子总是有着丰富而大胆的想象力，他们常常会和小动物说话，还喜欢问“为什么”，这是发展想象力的起点。妈妈一定要抓住这样的机会，不仅不能对孩子不理不睬，更不能嘲笑，还要给予孩子合理的解释，给孩子插上想象的翅膀。

成长故事

4岁的彤彤正在专心地画画，妈妈饶有兴趣地走到她身边，然后对她的画大大赞美一番：“哇，这是谁在和小猴子一起捉迷藏啊？真快乐！”“这是我呀。”彤彤抬起头笑着说。“妈妈也想和你们一起玩呢，怎么办呀？”“那我把妈妈也画上去吧。”“真的吗？太好了！”妈妈非常高兴地拍着彤彤的头说。

妈妈这样做的好处显而易见，她保护了彤彤的好奇心，爱护和重视了彤彤的想象力，并培养了她进行主动想象的能力。

好妈妈如是说

妈妈要培养孩子的想象力，可以从以下几方面入手。

1. 尊重孩子的想象力

尊重孩子的想象力，妈妈要时刻聆听孩子的问题，尤其注意要提孩子感兴趣的问题，引导孩子进行主动想象。孩子的回答可能会充满童趣，这时候你一定要真诚地鼓励他们，不要有任何不予重视的表情或做法，因为那样会打击孩子的积极性，影响他们的自信心。

2. 用文艺形式启动孩子想象思维

文学和艺术不仅仅是大人们的享受，对培养孩子的兴趣，启动孩子想象的思维，促进孩子想象力的发展也同样具有很重要的作用。

童话故事是孩子们的最爱，那些丰富奇特的想象和大胆奇妙的夸张故事，深深地吸引着他们。勇敢的王子、可恶的巫婆、纯洁的公主……都能引起孩子无限的遐想。对于年龄较小的孩子，要选择合适的读物，帮助他们培养阅读兴趣，启动孩子想象的思维。另外，音乐和画画也是培养孩子想象力的有效途径。

3. 有计划地带孩子外出

孩子想象的特点是由“无意想象”到“有意想象”，其中主要是“再造想象”，也就是想象具有复制性和模仿性。特别是幼儿时期，想象飘忽不定，非常离奇，没有主题，没有预先目的，孩子只是在某种刺激物的影响下，自然而然地想象出某种事物的形象。也就是说，孩子的生活内容越丰富，头脑中各类事物的形象越多，就越有助于想象力发展。

所以，妈妈要有计划地带孩子外出，参加旅游、参观、聚会等活动，多与大自然亲密接触，多与他人互动，以此来启发孩子认识自然事物。孩子在见多识广的情况下，就会很容易把各种事物的某些特点联系起来进行想象，想象力也能够在这一过程中得到较全面的发展，而这是未来进行创造性想象的基础。

第五章

重交际：让孩子懂得合作，学会交际

同伴之间的交往是孩子人际交往中的重要环节，对孩子的成长有着不可估量的作用。同伴之间的交往，能够让孩子更好地适应学校生活，能够让孩子学会合作与分享。不过，对于孩子之间的交往，我们不要过多干预，我们只需要培养孩子接人待物的能力就可以了，正是这些能力让孩子在不知不觉中寻找到友谊的力量。

让孩子学会交往是非常重要的

妈妈箴言

生活中，我们常常听到有的妈妈对自己的孩子说：“好好待在家里，别到外面去……”他们把孩子圈在家庭的小天地里，剥夺了孩子交往的机会，殊不知，这会造成孩子怯懦的心理，妈妈就要善于丰富孩子的生活，让孩子学会必要的交往。

成长故事

小天以前是个活泼开朗的孩子，很喜欢和社区的小朋友一起玩。自从升到了大班，妈妈就不允许孩子出去玩了，妈妈觉得马上要升小学了，孩子得抓紧学习，才能上一个好的小学，学习要从娃娃抓起嘛。渐渐地，活泼爱动的小天变得沉默寡言，不爱说话了。

这天，妈妈带孩子去姥姥家，发现孩子见了姥姥也不打招呼，连吃饭也是呆呆的，不说话。妈妈惊呆了，后悔自己将孩子“锁”在屋里了，弄得孩子现在连话都不讲了。

好妈妈如是说

“交往”是每个人自身发展的需要，没有生活经验的孩子更需要通过

“交往”来快速成长。不合群、不爱与他人交往的个性将会妨碍孩子今后的社会关系。要想让孩子学会交往，家长应该做到以下几点：

（1）鼓励孩子多参加集体活动。这样他可以在集体生活中经受锻炼，并学会与同伴交往，从别人身上学到许多东西。

（2）放手让孩子自由玩耍。如果有时间，多让孩子去郊游，开阔眼界，增长见识，培养开朗乐观的性格。

（3）和孩子一起感受快乐。如给孩子讲笑话和幽默故事，互相开开玩笑，参加孩子们的游戏，带孩子出去玩等。

（4）丰富孩子的生活内容，让其适应并学会必要的交往是非常重要的，它能够有效地减缓和克服孩子的怯懦心理，使孩子更加从容自若地融入到生活中去，与他人和外界建立良好的融洽的关系。相反，如果对孩子实施封闭式的教育，就会增加孩子的依赖心理，孩子长大后就很难适应新的生活和新的挑战以及考验。因此，孩子的怯懦心理是万万要不得的，在教育孩子的过程中，一定要善于放开自己的双手，让他一步步地学会自己书写自己的人生，过分的保护只能适得其反。

创造交往机会，培养交往兴趣

妈妈箴言

现在的独生子女在家缺少玩伴，又由于住在楼房里，很少与邻里的孩子来往，加上爸爸妈妈工作忙，带孩子出去接触人和事物的机会较少，限制了孩子与人交往的机会。没有了交往的机会，谈交往能力的提高只不过是一句空话。因此，妈妈要在看似没有机会的情况下创造机会，让孩子在日常生活中多接触不同的人，为培养孩子的交往兴趣奠定基础。

成长故事

灰灰在家里能说会道，简直就是个“小话唠”，跟小区里的小朋友也能一起玩耍，但一旦在陌生人面前，却成了“小哑巴”。到了上学的年纪，妈妈带灰灰去幼儿园报名时，老师问他叫什么名字，他怯生生地回答了，声音小得几乎听不见，当老师问灰灰几岁了时，灰灰居然转身扑到妈妈的怀里，放声大哭起来。

好妈妈如是说

未来的社会是一个开放的、互助的社会，良好的社会交往能力对一个人来说极为重要。妈妈在孩子小的时候就要有意识地培养他们的交往愿望，教会他们交往技能，这对孩子来说将是受益终身的。妈妈可以从以下几方面给孩子创造交往机会：

1. 带孩子走出家门，扩大交往对象

在婴儿期，父母就应该经常抱孩子到外面玩，让孩子有机会接触别的小孩和陌生人，引导孩子对别人与他的交流做出反应或应答，为孩子以后喜欢与人交往做好铺垫。孩子稍大一些时，愿意蹦蹦跳跳地去外面玩，父母就可以带孩子外出散步游玩，陶冶情操，感受大自然的美，并引导孩子观察周围人的生活，鼓励孩子与小伙伴玩耍，鼓励孩子多和别人交流，让孩子在与他人一次次的交往中得到锻炼。

小区里，孩子碰到小朋友，如果主动上前打招呼或愿意与小朋友一起分享自己的玩具，妈妈要给予及时表扬，鼓励孩子多结交新朋友，而不是认为自家孩子的玩具不允许其他孩子玩，或者害怕别的孩子把玩具弄坏而不让他玩，这样孩子与人交往的心理环境就是轻松自由的，有利于培养孩子人际交往的积极情感，使孩子体验到与人交往的乐趣。

公园里，遇到陌生人逗孩子玩，不要对孩子说“不要和陌生人说话”，而是教孩子要有礼貌地应答别人，如果有共同感兴趣的话题，可以鼓励孩子进行讨论。这样不仅会增加孩子与人交往的兴趣，还能锻炼孩子的表达能力。

爬山时，遇到年龄差不多的小朋友，可以鼓励孩子们结伴爬山，让他们相互帮助、相互激励，在爬山过程中进行语言和肢体上的交流，通过彼此间的合作，安全而较快地一起爬到山顶。这除了能培养孩子的交往兴趣，还能培养孩子的合作与互助精神。

到超市或商场购物，鼓励孩子向售货员说明想买的东西，并让孩子在家长的指导下去交款，然后说“谢谢，再见”。这样，既培养了孩子的独立性，也增进了他与人交往的能力。

总之，孩子只要走出家门，就能找到与人交往的机会，这比一个人单独玩或在家里做“乖”孩子或“听话”的孩子获得的乐趣多得多，同时还能帮助孩子融入群体之中。

2. 鼓励孩子主动邀请别的孩子来家里玩

有的孩子不喜欢别的小朋友到自己家里来玩，原因是怕小朋友把家里弄脏了，把玩具弄坏了，不想和别的小朋友分享自己的食物。这其实也是很多妈妈头疼的问题。妈妈可以让孩子邀请一次小朋友试试，小朋友来了之后，家长要热情接待，倒水、拿水果招待小客人，也可以进行简单的交谈；小客人走时，要客气送别，欢迎下次再来。家长这样做的同时，也要鼓励孩子这么做。当孩子体会到了这一次邀请小朋友来家里玩带来的快乐时，以后就会经常邀请小朋友来玩了，而且会主动拿自己的玩具和小朋友一起玩，和小朋友分享水果、饮料等，并进行愉快的交谈。

同时，也要允许孩子去别的小朋友家里玩，当然要教会孩子懂礼貌、爱护小朋友的玩具，教孩子到一定的时间主动回家等。这样，不仅培养了孩子的交往兴趣，也使孩子在交往中学会礼貌待人。

3. 适当带孩子进入自己的社交圈

亲戚、朋友、同学、同事聚会，父母们之间可以商量着带孩子参加。聚到一起时，要鼓励孩子与别的孩子主动打招呼，主动找别的孩子说话。孩子们的年龄、性格可能各不相同，让孩子与不同年龄的孩子交往，大孩子可以带着小孩子玩耍，小孩子可以从大孩子身上学到很多东西，如一些交往上的能力，体验到游戏或玩耍的乐趣，大孩子则可以从小孩子这里找到一种责任感及关爱别人的意识。这对大孩子和小孩子都是有好处的。

比如，有朋友家的孩子过生日，受到邀请，妈妈就可以带着孩子去给朋友家的孩子过生日，让他和他的小伙伴一起分享快乐，一起游戏、唱歌、共同祝福，在欢聚中体验分享的乐趣。又如，过新年走亲访友时，带着孩子拜个年，说些祝福的话，让孩子与不同对象进行交流，有效地培养孩子的交往兴趣，促进孩子交往能力的发展。

重协作，不要总认为“和别人玩没意思”

妈妈箴言

俗话说“一个篱笆三个桩，一个好汉三个帮”，团队的力量永远比一个人的力量更强大，完成更多艰巨的任务。所以，一个懂得与他人齐心协力的人，更容易适应这个社会，并发挥积极的作用，从而达到自己和集体的目的。因此，"团结协作"是妈妈教导不可缺少的一堂课。

成长故事

涛涛今年5岁，是个聪明但有点内向的孩子。他总是喜欢待在家里，一个人玩拼图、飞机模型、填字游戏等，却不愿意出去找小朋友们一起玩。

在幼儿园的时候，大家一起围成圈做游戏，或者一群孩子在院子里你追我赶，在滑梯、转椅上闹得不可开交，而涛涛总是一个人安安静静地坐在那里，自顾自地玩耍。老师招呼涛涛一起参与进来，而涛涛总是看起来无精打采，很难参与和融入集体中。

对于这个问题，幼儿园的老师向涛涛的妈妈反映过多次了。其实，在家里，涛涛也喜欢一个人待着。每天，妈妈看着涛涛坐在那里，都有些着急，经常催涛涛说："涛涛，吃过饭就出去找同学们去玩吧。出去和别的孩子散散心、聊聊天，别老待在家里，都窝坏了。"

而每次涛涛都表现出蛮不情愿的意思，说："我不喜欢和同学们一起。他们总是叽叽喳喳的，说些没用的话。他们也不太理解我，和他们在一起玩真没意思。"

好妈妈如是说

告诉孩子，要学会生活，必须先学会与人合作。在合作的过程中，孩子会渐渐学会如何协调自己与他人的利益，使得整体活动得以顺利进行。所以，家长应该尝试着培养孩子与朋友，甚至陌生人为了目标而合作。告诉孩子，团结的力量是强大的。

那么，如何才能帮助孩子学会合作，享受到合作的乐趣呢？

1. 要让孩子学会欣赏他人

欣赏别人就要对别人的优点、长处给予鼓励并虚心向别人学习。一个永远不欣赏别人的人，也就是一个永远也不被人欣赏的人。现在的孩子优越感强，很少遇到挫折。他们一般比较自信，甚至有的自以为是，很少看到别人的优点。因此，引导孩子正确认识自己，同时善于从身边不同人的身上找出闪光点，从而发自内心地去赞美和学习他人。这样，不仅自己能够得到发展和提高，同时也会赢得他人的欣赏与称赞。

2. 要让孩子学会宽容他人

要引导教育孩子学会宽宏大量，设身处地为对方想一想。每个人都有疏忽大意和犯错误的时候，宽容他人的过错，就又能做好朋友了。

在这个过程中，妈妈还要注意帮孩子找伙伴，这比陪孩子玩更重要。两岁以后，孩子的注意力就会往外看，喜欢与自己年龄差不多的小朋友交往，所以妈妈要主动邀请邻居家的孩子来家里玩。出门玩耍时让孩子带些玩具，鼓励孩子和小朋友一起玩，待彼此都熟悉之后，再让孩子邀请别的小朋友到家里玩。

3. 远离高科技，崇尚你我他

“远离高科技，崇尚你我他”，就是让孩子不要迷恋电子玩具，而尽量离开手机、平板电脑等电子产品，多多和人交往。让孩子在实际交往中懂得交往之道。

另外，要想让孩子交到朋友，自己要先学习做孩子的朋友，用人格影响孩子的择友观。要成为孩子的好朋友，就要放下做家长的权威架子，多听听孩子的想法，把自己的想法开诚布公地告诉孩子，孩子在“亲子友谊”的沐浴下，会慢慢学会如何和人相处。

教孩子学会选择朋友

妈妈箴言

随着孩子的慢慢长大，他们交朋友的欲望日趋强烈，希望与同龄孩子一起玩耍、聊天、谈理想等。此时，妈妈就要鼓励孩子去与人交往，这不仅是为了满足孩子与人交往的心理需要，也是为了培养孩子与人相处的技能，有利于孩子未来的发展，但是要注意让孩子学好选择朋友。

成长故事

小青家庭经济条件不太好，没有多余的钱买零食，一个比她高两个年级的大姐姐经常给她好吃的东西，小青感觉她就是自己最好的朋友。

因此，当那个大姐姐指使她去偷别人钱的时候，小青一点儿都没有迟疑，钱到手后她们两人就一起花。

小青很高兴，但当她再一次伸手去偷同学的钱时，被别人当场抓住，告诉了老师。老师把小青的行为告诉了她的妈妈。

小青的妈妈十分生气，问小青是谁指使她去偷别人钱的，小青为了不连累那个大姐姐，任由妈妈如何审问，就是一声不吭。

好妈妈如是说

在孩子与人交往的过程中，妈妈需要让孩子学会择友和交友。因为孩子的思维、行为、语言等最容易受朋友的影响，如果孩子所交的是品德高尚、志同道合、互相勉励、好学上进的朋友，那么孩子将会一生受益，成为一个优秀之人。

而孩子若是交一些品质恶劣、不思进取、好吃懒做、偷鸡摸狗的朋友，那么孩子也会深受其害，有可能因此落一个银铛入狱的结局。

这样的情况现实生活中时有发生，很多孩子本质不坏，但因结交一帮狐朋狗友，受其影响，结果误入歧途，一生的美好前途断送在择友不慎上。

因此，为了孩子的将来着想，妈妈要教孩子慎重选择朋友，尽量选择那些有着美好品质、高远志向、诚实可靠的人交朋友。

但是，金无足赤，人无完人，一个人身上不可能聚集所有的优点，所以妈妈要告诉孩子选择要慎重，但不能太苛求，只要能够促进自己的进步，让自己往好的方向发展，就可以主动与之交往。

1. 帮孩子树立正确的交友目的

交朋友的目的一般有两个，一个是满足情感上的需要，互相交流、倾诉，另外一个就是互帮互学。

妈妈在教孩子如何正确交友的同时，还要告诉孩子不能去做有损道德或者违反法律的事，这样孩子才不至于交错朋友，走向歧途。

2. 教孩子学会选择多层次的朋友

因为每个人的需要都是多层面全方位的，而这些不能集中在一个人身上，因此妈妈要教孩子学会选择多层次的朋友。

只要有助于孩子的成长，妈妈就要鼓励孩子与人交往下去，这样才会使孩子多方面得到改进、发展。

3. 让孩子学着主动去找朋友

两人成为朋友之前，需要双方的主动沟通、了解，如果只是消极坐等，永远都不会拥有朋友。

因此，妈妈要鼓励孩子与那些品质优良、好学上进的同学主动交往，这样才会增进了解，将来才有可能发展为朋友。

4. 引导孩子深入了解确认友谊

朋友的确定、友谊的建立，是在深入了解之后形成的，如果孩子在没有认清别人之前，轻易地与人成为朋友，很可能因此遭到伤害。

因此，孩子在与人交往时，妈妈要引导孩子在深入了解别人之后再确认友谊。否则如果碰上坏人，别人了解孩子越多，孩子的危险性就可能越大。

让孩子成为"小小社交家"

妈妈箴言

孩子与伙伴在一起，才能满足与人交往的心理需要，才能学会与他人和平交往与相处的技巧，才能为将来拥有的良好人际关系打下基础。如果孩子不能融洽地与伙伴相处，不能满足心理需要的同时，也会影响孩子性格的发展，对孩子整个成长都非常不利。

成长故事

妈妈带着妞妞去公园，妞妞看见一个与自己差不多大的女孩正在荡秋千，自己也想玩，但因为只有一个秋千，所以她只好等待。

过了一会儿，秋千上的那个孩子手里的东西掉了下来，她就停下秋千去捡。妞妞急忙走上前，上了秋千。

那个女孩转身看见妞妞占了秋千，就与她争抢起来。妞妞看了妈妈一眼，想起她日常教导自己与人相处的方法，于是停止了争夺，说道：“我在下面等很久了，让我玩一下，一会儿我就下来让给你，咱俩轮流玩好吗？”

那个女孩想了一下答应了妞妞，两人就这样轮流荡起了秋千，相处得很融洽。

好妈妈如是说

现在社会中有很多孩子都不能与同龄伙伴很好相处。原因主要都在家长那里，有些孩子是因为从小家人十分娇惯，要什么给什么，这样任性的孩子自以为是，唯我独尊，没有一点儿与人交往的技巧，因此很难融入小伙伴之中。

还有一些妈妈，怕孩子与别人玩受到伤害，因此尽量避免孩子出去，不愿意让孩子单独与别的小朋友交往。

这样的孩子因为与小伙伴接触得少，没有什么经验，就容易出现矛盾，结果孩子与人交往就有恐惧的心理，出现退缩、不愿意与人交往的行为。

因此，妈妈需要经常同孩子一起玩耍，在玩乐中传授给孩子一些社交的技巧，比如让孩子学着使用别人易于接受的方式与之交往，告诉孩子别人的东西不可侵犯，并鼓励孩子与小伙伴一起嬉戏等。

这样孩子掌握了与人相处的技巧，再通过与小伙伴一起玩耍实践，孩子的社交能力自然就会提高，从而能够赢得和谐的人际关系。

1. 教孩子学会礼貌地与人交往

文明礼貌是孩子与人和谐相处的敲门砖，因为任何人都喜欢文明礼貌的孩子，都愿意与这样的孩子交往。

所以，妈妈首先要教孩子学会文明礼貌，告诉孩子不要自以为是，不能唯我独尊，不能有粗鲁的言语与行为等，这样孩子才有可能与别人愉快地相处下去。

2. 告诉孩子不要侵犯别人的自由

任何人都不希望别人干涉、限制自己的自由，孩子也不例外。

妈妈教孩子学着尊重别人的选择，不去侵犯别人的自由，这样能够减少孩子与别人发生矛盾的概率。

3. 教孩子不与别人斤斤计较

任何事情，如果仔细想来，都有不妥之处，斤斤计较的话，就会影响彼此的顺利交往。所以，妈妈要教孩子学着大度、宽容。

谁都有出错的时候，既不要因为别人错说一句话，就记在心中，也不要因为别人做错了一件事就断绝往来。不去斤斤计较，才会拥有更多的朋友。

4. 鼓励孩子展示真实的自己

虽然人人都倾向与完美的人交往，但人无完人，每个人都有自己的缺点、不足，在与别人交往中有意掩饰、隐瞒，不如展现真实的自己。

要知道，坦然承认自己的不足之处，这反而有利于彼此的交往。因此，妈妈要鼓励孩子学会展示真实的自己。

5. 让孩子学会赞美别人

妈妈要教孩子多去看别人身上的优点，并且给予诚挚的赞美，这是与人交往融洽的润滑剂，能够加深彼此的友谊。

任何人都喜欢得到别人的夸奖、表扬，也会对赞扬的人表示自己的好感，孩子如此做，就会很轻易地获得友谊。

6. 使孩子多与人交往接受锻炼

孩子只有多与别人交往，多与不同的人相处，才会不断地调整自己，以更加适合的方式与别人交往。

因此，妈妈要尽可能多地给孩子提供这样的机会，使孩子多与别人交往，让孩子在与别人相处中接受锻炼，这样有利于孩子交际能力的提高。

让孩子在化解矛盾中学会成长

妈妈箴言

孩子小时候与伙伴一起玩耍时，会有矛盾出现；上学后，也会与同学发生误会；将来长大参加工作，还将会面临着与同事之间的摩擦等。与人之间的矛盾会一直伴随着孩子的一生，什么时间都有可能出现，与什么人都有可能发生。学会解决矛盾对于孩子来说，也是一种成长。

成长故事

振振刚出去一会儿，就哭着跑回来向妈妈告状说："妈妈，小雨打我了。"妈妈给振振擦了擦眼泪，问他具体是怎么回事。

振振哭着说："我看小雨正在玩布娃娃，也想玩，就伸手去拿，小雨就打我。"

妈妈听后笑着说："如果你是小雨，有人什么也不说就拿你的玩具，你会怎么做？"振振想了一下说："我会生气。"

“你现在知道应该如何做了吧？”妈妈听了儿子的话后问道。

振振点了点头，他出去走到小雨面前，恳求道：“小雨，你的布娃娃我能玩一下吗？”小雨看了振振一眼，把布娃娃递给了他。

还有这样一个小故事：沈丹放学回家后，情绪一直都很低落，眼中一直含着泪，几次想跟妈妈说，但欲言又止。

妈妈看到后，关切地问沈丹发生了什么事。沈丹说同桌告诉老师，说她考试抄袭，老师因此批评了自己，所以在学校跟同桌打了一架。

妈妈问沈丹：“同桌说的是事实吗？”沈丹点点头，又摇摇头说：“我翻书看了，但没有看到。”妈妈知道错在沈丹，就引导她改掉错误的行为，并建议她与同桌和好如初。

好妈妈如是说

孩子一般在外面与伙伴发生了冲突，都会向妈妈告状，此时妈妈切忌不问青红皂白，就对孩子一顿批评，这样孩子会更加痛苦。

当然，也不能盲目相信孩子的言辞，更不能指使孩子用粗暴的方式去处理问题，否则孩子与别人的矛盾只会更深。

妈妈在孩子向自己诉说与别人发生冲突的经过时，首先应该对孩子表示充分的理解，在情感上支持孩子；其次要弄明白孩子与别人发生矛盾的前因后果，与孩子一起分析是什么原因引起的冲突。

如果是孩子的错，妈妈就教导孩子主动改正，并向别人勇敢认错，与别人和好如初；是别人的错妈妈就教孩子学会以宽容的态度对待别人，告诉孩子谁都有犯错误的时候，不必斤斤计较等。

这样妈妈尽早帮助孩子学会正确、独立地解决矛盾，有利于孩子身心健康地成长，为孩子长大后正确地解决与别人发生的冲突打下基础。

1. 妈妈要认真倾听孩子的倾诉

当孩子与别人发生矛盾，找妈妈倾诉时，妈妈不管多忙，都要认真听孩子说完，并表示出对孩子的理解与接纳，以缓解孩子的不良情绪，引导孩子把事情的经过叙述下去。

孩子与别人发生矛盾，妈妈不要着急。只有认真听孩子说，才能从中找到问题所在，才能指导孩子正确独立地解决矛盾。

2. 与孩子一起分析矛盾所在

人与人之间发生的矛盾、冲突，总是由一定的原因引起的。妈妈不但要认真听孩子叙述，还要从孩子的叙述中辨明真伪，以帮助孩子分析冲突发生的真正原因，只有找到矛盾产生的焦点，才能更好地解决问题。

3. 指导孩子正确处理与别人的矛盾

孩子与别人发生矛盾后，是孩子的错误，妈妈就要指导孩子学着认错，是别人的错，就要让孩子学着宽容谅解。

4. 教孩子减少与人发生冲突的技巧

一些孩子任性，不会通过委婉的方式表示自己的意愿、想法，或者行为霸道等，这样都容易与别人发生冲突。

孩子不会与人相处，妈妈要教孩子一些与人减少冲突的技巧，就可以避免一些不必要的矛盾发生。

教给孩子基本的交往技能

妈妈箴言

孩子年龄小，没有什么交往经验和交际能力，而作为过来人的父母就要承担“教”孩子如何和小伙伴交往的责任了，尤其是那些工作忙，没有时间带孩子的父母，挣钱固然重要，但也要抽出时间多与孩子交流，教给孩子基本的交往技能，让孩子从小就做交际“小达人”。

成长故事

一天，妈妈带着4岁的小谦在小区玩。过了一会儿，来了几个年龄差不多的孩子，看见他们在一起做游戏玩得很开心，小谦就凑上前去看。突然，小谦从一位小朋友手中抢过一个小汽车玩具，把小朋友惹哭了。妈妈听见后赶紧走过去问原因。小谦很委屈地说：“我不是抢玩具，我想和他们一起玩。”这时，那位小朋友的妈妈让自己的孩子用小汽车与小谦交换恐龙，小谦高兴极了。从那以后，小谦不再去抢别人的玩具，还学会了拿一件玩具和同伴协商交换。

好妈妈如是说

可见，小谦在意识上是想参与交往，行为上却不知如何交往。而当小朋友与他交换玩具时，他非常开心。这个小小的交换带给他的不仅仅是快乐，更让他学会了一项交往技能。所以，妈妈要在平时的生活中教孩子学习一些基本的交往技能，有利于孩子在交往中获得成功合作的乐趣，也为他乐于交往提供了“武器”。

以下10则基本的交际技能，相信会对各位妈妈和宝贝有帮助的。

1. 教孩子主动打招呼

这是最基本的交往技能。见了认识的伙伴，要主动打招呼，还可以像大人见面时寒暄那样，笑一笑，拥抱一下，或者握握手，问候致意。见了新伙伴，同样要主动打招呼，进行自我介绍，说话要使用恭敬言语等。主动能带给人一种热情与真诚的感觉，具有很高的亲和力，让人有想与你交往的愿望。

2. 教孩子学会分享

分享是交往的基础，不会分享，就不能赢得同伴。妈妈可以引导孩子拿自己的玩具、图书和别的小朋友一起玩，有伙伴来家里玩时还要让孩子给他们水果、食品、饮料等。

3. 教孩子用温和的语气说话

有的孩子喜欢用命令或强迫的语气说话，这会给人一种不平等的感觉，让人觉得他不懂得尊重，让别人感到反感，以至于不愿意跟他玩。妈妈要教孩子微笑着和别人打招呼，交谈时语调柔和，友善地和别人交往。

4. 教孩子学会友好协商

孩子们在一起玩的时候难免会发生冲突，而通过友好协商来解决或缓解冲突是最好的办法。比如，教孩子学会用商量的语气说话，希望和小朋友交换玩具时要询问“可不可以”，想让别人帮忙时要说“你能不能帮我”……这样既不会伤害孩子们之间的感情，还能很好地解决问题，一举两得。

5. 教孩子学会听别人说话

能专心地听别人说话，是对别人的一种尊重，同时也是获得尊重和友谊的途径。妈妈应该教给孩子做一个认真的倾听者的一些正确做法，如倾听时目光专注、点头、语言附和等。这是孩子学习交往中必须掌握的一个技能。

6. 教孩子学会控制自己

有的孩子在和小伙伴玩耍的过程中表现出极强的控制欲，希望什么事都自己说了算。这种霸道的做法只会让小伙伴远离他。妈妈要明确地告诉孩子，自己太任性、太霸道的话，大家就不喜欢和他玩，还要告诉孩子，遇到任何不愉快的事情，都不能骂人，更不能动手打人，要通过沟通与交流的方式解决问题，实在不行还可请大人来解决。通过正确引导，孩子就会逐渐学会控制自己的愿望、行为，学会和别的小朋友协作，并懂得用自己的智慧和爱心去帮助别人。

7. 教孩子学会关心别人

通常，热心肠的人更容易亲近他人，也更容易得到他人的亲近。妈妈应鼓励孩子时常关心、帮助别人。比如，好朋友生病了，主动看望或送个小礼物等，都能无形中增进友谊。

8. 教孩子学会向别人求助

孩子在玩耍或游戏过程中遇到自己不能解决的问题时，妈妈要鼓励孩子寻求帮助。在帮助他解决问题之前，不要忘了问一句："你是不是需要我的帮助啊？"简单的一句话，可以让孩子懂得在他们无法解决问题的时候，寻求帮助是很有必要的。当他们长大成人以后，就不会再为寻求他人的帮助而感到怯懦和羞涩了。

9. 教孩子学几种比较特殊的本领

对孩子们经常玩的游戏，有心的妈妈可以指导孩子怎样玩得更好，让他优于其他小朋友。这样，在游戏中，他就会成为孩子里的"焦点"，身边会聚一些人气，不仅能增强自信，交往能力也会有所提升。

10. 教孩子学会一些小幽默

小朋友在一起玩耍或聚会的时候，假如孩子有许多生动活泼的小故事，或者诙谐有趣的小幽默，就会大有用武之地。适当地讲几个小故事，说几则笑话，能使全场活跃起来。此时，他会有良好的自我感觉，也会备受伙伴们的欢迎。

有了这些有力的“武器”，孩子与人交往的自信心就会增强，也就不怕与人交往了。而交往中的良好行为总能促进孩子交往的成功，成功的交往又能发展孩子良好的行为，并使之转化为一些稳定的交往技能。

第六章

学独立：好妈妈让孩子自己学会走路

“圈养”是现在大多数家庭独生子女的状态。妈妈给孩子的生活打点好一切，每天繁杂的学习，课外补习班、兴趣班把这些孩子严严实实地“圈养”了起来。确实，孩子的成绩和才艺有了很大进步，但是却失去了自由发展和独立的机会。

“独立”是孩子的第一属性

妈妈箴言

现在的大多数父母对孩子的事包办。过于呵护孩子，很少给他们独立做事的机会，这就会导致孩子的生活自理能力差、依赖性强。妈妈要记住“独立”是孩子的第一属性，千万不要剥夺！

成长故事

笑笑已经3岁了，到了上幼儿园的年纪。曾经的她，什么都依靠妈妈，就连吃饭也要妈妈把勺子伸到嘴边。妈妈意识到，这样对笑笑的成长并不好，于是决定提高她的独立性。

妈妈要求笑笑做出的第一个改变，就是每天自己下电梯到单元门门口去取牛奶。笑笑当然有些不高兴，毕竟现在还是冬天，又还没到供暖的时候，听着窗外呼呼刮着的大风，她更不肯去拿牛奶了。

看着撅着嘴的笑笑，妈妈说：“天气冷了，风大了，送牛奶的叔叔就可以不送牛奶了吗？妈妈就可以不上班了吗？你就可以不上幼儿园了吗？”笑笑一想是这个道理，于是就爬起来穿着厚厚的衣服跑出去拿牛奶了。

一个星期天，笑笑又不愿意去拿牛奶了，一直嚷嚷着“困”。这时候妈妈说：“如果送奶的叔叔也说困，不起来送牛奶了，那笑笑还有奶喝吗？我困了，不起来做早餐，你还有早餐吃吗？该自己做的事，不能因为有了困难，就可以不做。”

妈妈的话，让笑笑有点不好意思，于是她使劲爬了起来。渐渐地，笑笑的借口越来越少，即使再想睡懒觉、天气再不好，她仍天天去拿牛奶。而她曾经依赖妈妈的习惯，也一点点地减淡了。

好妈妈如是说

正是因为鼓励孩子自己动手，笑笑逐渐学会了独立。由此可见，每个孩子都能拥有独立的“属性”。

然而，现实中的妈妈却很少开发孩子的这一属性，总是对孩子过分溺爱，甚至鼓励孩子依赖父母，不让他们有长大和自立的机会。久而久之，孩子的心中就会逐渐产生对妈妈的依赖心理，成年以后依然不能自主——缺乏自信心，总是依靠他人来做决定，终身不能负担起选择、接纳各项任务、工作的责任，从而形成依赖型人格。

更可怕的事情还在后头：当孩子对妈妈的依赖越来越严重时，他会感到自己的需求和妈妈的能力之间的差距越来越大，相互间不满和怨言也与日俱增，以致出现纠纷和冲突。打开网络，这样的新闻不在少数，这些一定会让你看得触目惊心！

所以说，要想让孩子成才成功，妈妈就不能事事包办，越俎代庖，而是应当鼓励他们自己去做、去思考、去探索。就像狮子，必须让它接受大自然的磨砺，尽管某些时候，这种磨砺看起来很“不人道”：饿了自己找食吃；渴了自己找水喝；受伤了，就用舌头舔伤口。只有让它独自接受生存的挑战，它才能在大自然的环境里顺利地活下来。

那么，我们究竟有何具体方法，来培养孩子的“独立”属性？以下这“五要”，正是妈妈的最佳入手点。

1. 要信任孩子

身为家长，我们就必须相信孩子自己可以将事情做好。实际上，信任比惩罚更能激起责任心，还能增强孩子的自尊心和自信心。如果孩子失败了，妈妈就要帮助孩子分析一下原因，可以指导他们，但不能包办代替。

2. 要尊重孩子的选择权

让孩子成为自己的主人，他才能够有勇气去面对未来。也许妈妈希望孩子这样做或那样做，但是妈妈应该给孩子一个机会，让他学习独立决定。从自己错误的选择中学到的东西比从妈妈正确的指导中学到的要多得多。

3. 要培养孩子的好奇心

孩子对一切都充满好奇，他们有独自探索世界的欲望。所以，我们不要什么都教他，而是应当让他自己去尝试，即使失败也没关系。因为只有失败，他们才能获得更多的人生经验，才能对这个世界有着更加准确的判断与认识。单凭说教，孩子对世界的理解永远都是抽象的。

4. 要主动培养孩子“自己想办法”的习惯

无论孩子面对何种问题，我们都应鼓励孩子“自己想办法”，而不是什么事情都想帮助孩子完成。例如，当孩子想要跨上儿童车时，你就应该鼓励他自己想办法。在这个过程中，他的协调能力不仅得到了提高，更对“如何上车，如何下车”有了直观的体会，这种成就感会让他主动形成“自己想办法”的好习惯。当然，在孩子独立操作的过程中，我们可以告诉他应该怎么做，做好他的“帮手”。

一个没有“独立属性”的孩子，注定会在未来摔大跟头。因为人生的路上，妈妈不可能永远陪着，总有这样那样的事情需要孩子独立面对。所以，为了让孩子与这个社会做到“无缝接轨”，那么我们就必须激活他们的“独立属性”！

不要为孩子安排好一切

妈妈箴言

妈妈为孩子安排好一切，忽视了孩子独立生活能力的培养，这是目前中国家庭教育中极为平常的现象。于是，生活能力低下，缺乏正常的与人交往、克服困难的能力，成为了时下许多孩子，尤其是独生子女的共性问题。这对孩子的成长极为不利！

成长故事

莉莉的出生给爸爸妈妈带来了无限欢喜，爸爸妈妈都是高干子弟，而且晚婚晚育，接近40才生了莉莉，所以他们对莉莉千般宠爱、万般呵护。妈妈四处向专家咨询，给莉莉精心制定了营养的3餐；对每一件给莉莉买的衣服或是玩具都细心检查，生怕质量不过关影响孩子的健康；莉莉上的是最好的双语幼儿园，从3岁就被送进画室学画画；为了莉莉有更多的时间来学习和学画，妈妈不让她做任何家务活，甚至连莉莉的鞋带都是妈妈帮忙系，书包也是妈妈帮忙背。总之，妈妈帮莉莉安排好了生活学习的一切，莉莉只要照着走就行，但是，娇生惯养的莉莉并没有比其他孩子出色很多，在学校时总是有些畏畏缩缩，体育课上要跳高，她被吓得大哭；老师让她起来回答问题，她总是害羞得说不出话；同学们下课打扫卫生，她总是支支吾吾不知所措，家里的娇小姐就这样在学校慢慢地逊色下来，与同学之间的距离也越来越远！

好妈妈如是说

据某省的一份调查表明，孩子每周从事家务劳动的时间极少，18.72%的学生根本不参加任何家务劳动；47.78%的学生只参加1小时以下的家务劳动；60.12%的学生不会洗衣服、做饭；54.75%的学生上下学时需要家长接送；41.19%的家长是把洗脚水端到孩子面前的。

而这一切，就归咎于妈妈长期包办了孩子的日常生活，不肯放手让孩子锻炼，不让孩子自己做决定，久而久之，孩子就养出了依赖妈妈的习惯，缺乏自立能力，也缺乏自我意识。

孩子一旦习惯了“饭来张口，衣来伸手”的生活，他们就不爱动脑，也不爱活动，有脚不用，主观能动性就会丧失，养成懒惰、好逸恶劳的性格，并习惯了接受照顾，而不会照顾别人，不会为别人着想，缺乏同情心和社会责任感。这样的人，一旦进入社会，很难受人欢迎。

当今社会，需要的不仅仅是有知识有文化的人，更需要德智体美劳全面发展的人，温室里成长的花朵即使再娇美，遇到社会的风浪终究会被摧残，而只有能屈能伸的坚毅杂草，才能“野火烧不尽，春风吹又生”。所以，培养孩子的才能重要，培养孩子的生活能力更为重要。而孩子的生活能力，就是在他一点一滴的生活中提炼出来的。因此，让孩子自己感受生活吧！不要代替孩子安排他的生活，他的人生终究要自己负责。

为了孩子的成长，对待孩子时，记得以下几个“不要”：

不要替孩子做一切家务活，剥夺他锻炼独立生活能力的机会；

不要把自己的意志强加于孩子，剥夺孩子做自己的权利；

不要对孩子监护过度，剥夺孩子的自由；

不要逼迫孩子追求成绩或是功名，把世俗功利的思想植在他的心上；

不要满足孩子不合理的消费要求，让他远离自制和节俭的美好品格；

不要过早地给孩子准备资产，剥夺他自我创造的动力；

不要替孩子解决一切困难，阻碍孩子坚强意志的生长壮大……

总之，不要为孩子安排好一切，对妈妈来说，是一种解脱；对孩子来说，是一种恩赐！

纠正孩子“衣来伸手，饭来张口”的惰习

妈妈箴言

让孩子做家务事，孩子因此能变得更勤快。要培养孩子爱劳动的兴趣，不扼杀孩子劳动的积极性。孩子就会一面伸手一面说“我来”，要自己吃饭、洗手、穿衣服……这又是进行爱劳动教育的好机会。

成长故事

上小学三年级的文文平时一向习惯“衣来伸手，饭来张口”，但是每个小朋友都要轮流当值日生却是学校规定的工作，因此他总是为一周一次的值日发愁。一天，他左思右想，想出了一个不需要自己亲自值日的办法——花钱雇一个同学帮他做值日，每次付费十元。

老师知道这件事后，严厉地批评了他一顿，谁知道他却不以为然：“我家里的事情都是保姆做的。我妈不让我做这些小事，这些工作根本就

不用自己做。”

还有一位母亲对朋友诉苦：儿子阿华已经16岁了，可是却还整天吊儿郎当没有个大人样，家里东西倒了也不会扶起来，自己房间的被子更是早上起床怎么钻出来，晚上就照样钻回去，从来不叠被子。他以前一直认为做家务会影响孩子的读书时间，所以什么事情都不让孩子操心，没有想到，孩子大了，还是这样，根本就不知道心疼父母，替父母分担家务。

无论是小学生文文，还是已经16岁的阿华，如此懒惰都足以让人大吃一惊，但如果追本溯源探究起来，他们懒惰的根源大都来自父母长期过分的宠爱。正是这种溺爱，使孩子过惯了“衣来伸手，饭来张口”的生活，慢慢变成了一个只会坐享其成的懒虫，丧失了为他人着想的能力。

好妈妈如是说

妈妈们在谴责孩子不懂事的同时，也应该对自己平常默许这些行为进行反省及自我检讨，正是我们对孩子日常生活的纵容才造就了孩子的懒惰和自私。

要纠正孩子“衣来伸手，饭来张口”的行为，首先应端正家长的思想认识。

1. 不要怕孩子帮助做家务会“添乱”

有的家长是这么认为的。他们认为孩子这么小，让他从事劳动没有多大的意义。孩子不但帮不上忙，有时候还会添乱子，给自己带来麻烦。

例如在老师的带领下，和同学们一起擦桌子、擦玻璃、打扫厕所、替花草浇水等，对孩子来说是一种既有意义又很快乐的活动。可是当他们回到家里，想大展身手表现给父母看时，却会被部分的父母制止。

大人会说：“去去去，自己到旁边去玩去，别在这里给我帮倒忙。”有的父母则说：“别把东西弄坏了，你太小，等长大了再来帮妈妈忙吧！”

就这样，原本带着满腔热情的孩子，被父母泼了一盆冷水。久而久之，孩子们逐渐失去了帮忙做家事的积极性。这也是为什么有些孩子在学校里的大扫除活动表现得很积极，回到家里却懒得让人费解的原因所在。学校给孩子提供了学习做家事的舞台，而家里则剥夺了孩子帮忙做家事以表现学习成果的自由。

2. 不要片面认为孩子做家事浪费时间影响学习

有的妈妈认为做家事是大人的事情，孩子的主要任务是读书，不能让这些无关紧要的工作耽误孩子宝贵的学习时间。持有这种观点的家长总是把眼睛盯在孩子的学业成绩上，对其他方面的锻炼不是视而不见就是无法体会其重要性。

这样的妈妈不明白维护学校清洁是一件很有荣誉感的工作，一心希望孩子学习成绩好，将来有个好前途，这是错误的想法。在这样的家庭里，帮家里做工作是不被提倡鼓励的，孩子自然也就很难养成为自己负责的好习惯。习惯了“衣来伸手，饭来张口”生活的孩子怎么能体会到生活的真正滋味和协助做家事的重要性呢？长此以往，孩子们很难成长为心智成熟的人。即使是具有较高的文化素质或者其他方面能力很强，他们在日常生活和思考模式上，也会因为长期脱离实际生活而受到牵制及影响。

3. 不要让孩子处处“养尊处优”

一些经济条件比较好的家庭，会有轻视或鄙视花体力做家事的思想，认为是保姆佣人之类该做的事情，自己的孩子没有必要在家事上面浪费体力。

他们认为孩子的穿衣吃饭等生活方面都应该有人提供专门服务，让孩子自己动手做这些事情，在他们看来是不可思议的。孩子在这样的家庭里生活，自然不会把生活的基本常识当成必需的本领来学习，而是过着无忧无虑“上流社会”般养尊处优的生活。

就是因为家长这些错误思想的引导，孩子们被默许甚至被鼓励不帮忙做家事，在家里过着无忧无虑的生活。他们中的一些人在进入学校或走入社会后也会把这种不良的生活习惯继续下去，成为生活能力低下、劳动观念淡薄的人。

如果您的孩子自私自利，那我们做家长的就应该好好考虑一下，咱们的教育方式是否得当。

孩子劳动不是添乱，要让孩子做些力所能及的事情，根据孩子年龄的特点，为孩子安排一些劳动，如让三四岁的孩子学会照料自己的生活，自己吃饭、漱口、洗脸、穿脱衣服等，让五六岁的孩子学做一些简单的家务劳动，如擦桌椅、扫地、洗手帕等，让七八岁的孩子参加一些社会公益劳动，如打扫卫生等。孩子劳动的时间不宜过长，一般每次在 20 分钟以内。

孩子的劳动成果，妈妈要表扬和鼓励，调动孩子的劳动积极性，同时教会孩子的劳动技能，要注意安全、卫生，防止伤害事故的发生。

当孩子不再是“饭来张口，衣来伸手”的小皇帝和小公主，当孩子能够完成一些力所能及的家务活，这也是一件令人欣慰的事。

家长不妨让自己“懒”一点

妈妈箴言

妈妈总把“自己的事情自己做”挂在嘴边，想要教导孩子独立一点。但是一旦看到孩子衣服上粘上了饭粒，就忍不住给孩子弹掉；看到孩子衣服系错了扣子，又忍不住动手……到底有多少家长能够忍住伸手的冲动，让孩子自己解决自己的事呢？妈妈要在孩子面前让自己"懒"起来。

成长故事

星期天，妈妈带着甜甜一起去公园玩。因为天气非常好，公园的广场上有很多小朋友在父母的带领下，尽情玩耍。就在孩子们玩得正高兴时，甜甜妈妈忽然发现不远处的一位妈妈正在椅子上看书，而她的孩子却抓了一把泥土正往嘴里塞。

于是，甜甜妈妈非常着急，走上前去，提醒这位妈妈说："你家的宝宝要吃土了！"可是，那位母亲非但没有立刻起身，反而很平静地说："没关系，等他尝过之后就知道泥土不好吃，自然也就不吃了。"甜甜妈妈当即就愣然了，心想：如果换成是甜甜在吃土，此刻我早就跑过去阻止孩子了，为什么这位妈妈却如此淡定呢？

好妈妈如是说

太勤快的家长总习惯把手伸得很长，时时刻刻注意孩子的一举一动，随时准备伸手帮忙。但是，妈妈们要注意，你们可以为孩子做事，但却不能替孩子成长。因此我们更重要的是要教会孩子独立生活，学会自己做事，从中得到成长。在日常生活中，我们不妨做到以下几点。

1. 不要剥夺孩子发现的机会

不要剥夺孩子发现的机会，孩子的问题让他们自己去解决，让孩子自己去体验，他们反而能从中体会到更多，而对他们的影响也才会更深远。因为，孩子成长的过程原本就是一个社会化的过程，这个过程显著的特点之一就是实践性。孩子只有通过亲身实践，了解到事物的变化，才能明白许多道理。因此，妈妈要学会放手让孩子长大，应该尽可能多地为孩子提供体验的机会。

2. 做个旁观者

大部分孩子都会有依赖性强、动手能力差的时候，比如“我的鞋子找不到了，帮我找吧”“帮我盖被子吧”“这个手工我不会做，帮我做可以吗”。你要知道，生活中诸如此类的情况会常有，如果你过多地包办，过多地限制，过多地干预，就会让孩子也慢慢习惯接受，习惯求助，这样就会阻碍孩子该有的成长。为此，要让孩子真正展示该有的自主和活力，首先要做的就是让孩子自己的事情自己做，尝试做个旁观者而非主宰者。试着相信孩子是很棒的，开始让孩子去实现自我，学会更多的生活本领，并逐步解放自己的“服务”角色。妈妈要学会放手，让孩子发展自己的兴趣和能量，这样孩子才能活得更快乐、更独立。

3. 激发孩子的责任心和自信心

要明确培养孩子的目的，是让孩子学会自己做事情，通过孩子自己动手，培养孩子的独立性、责任心和自信心等，这些都是孩子身心健康发展的基础。孩子有时候因为缺乏责任心，习惯了有人替自己操心，自己什么事都不放在心上，自然也就粗心了。所以，在孩子表现出样样都要“自己来”的独立行动的愿望时，就要给予正确的引导，把孩子视为一个完整的人来看待，要尊重他的愿望和独立性。

此外，还要特别注意，不要用钱作为孩子劳动的报酬，对孩子自己事情自己做最好的奖励就是微笑、拥抱，或是说：“你真棒！”要记住，孩子不会永远活在父母家庭的庇佑羽翼之下，他们终究要成为独立自主的人。鼓励孩子做自己力所能及的事，对他们的成长很有帮助。教会他们先学会自我服务，再逐渐为他人服务。请相信，经过一段时间的锻炼，他们一定会做得很好。

要防止对孩子保护过度

妈妈箴言

“我家孩子干不了这个”“我家孩子干不了那个”……久而久之，孩子对妈妈形成强烈的依赖性，遇到任何事都习惯性地等着妈妈前来解决，哪怕是一件微不足道的小事，也不愿意做。如果一味地纵容孩子，孩子有什么能力独自飞翔蓝天？妈妈切记不要对孩子过度保护。

成长故事

龙龙是个9岁的男孩，本来应该是活跃、淘气的年龄，但他却十分的胆怯、害羞，不敢和同学们打闹，也不和老师讲话，一见到比他强壮的同学就害怕。

班主任对此十分担心，就抽了个周末，去龙龙家做家访，希望学校和家庭共同努力，让龙龙的性格活泼起来。

“龙龙在家里也这样吗？”班主任见到龙龙的妈妈后问道。

妈妈也很担忧，点点头说道：“唉，一点儿都不像男孩子，我们也发愁，想知道是怎么一回事呢。”

“除了这点，龙龙在学校都挺正常的，看来，可能这就是龙龙的性格啊。每个人的性格都不同，有的内向，有的外向，龙龙可能就是比较内向的类型吧。”见龙龙妈也不太清楚原因，班主任就没再继续深谈下去，担心对方觉得自己无礼。

龙龙妈叹一口气，附和道："可能吧。"

谈到这里，班主任觉得没有必要再坐下去了，于是想起身告辞，而这个时候，龙龙妈突然惊跳起来，"龙龙，快下来，小心摔倒了。"

班主任抬头一看，原来是龙龙搬了个小板凳想要拿柜子上的东西，班主任不由得皱起了眉头，看看那板凳，也只20厘米左右，而且还很结实，再怎么着，也不会把龙龙摔倒吧。

更吃惊的还在后头，龙龙妈帮龙龙从柜子上取下他要的东西后，竟然给龙龙爸打电话，说道："老公，你回来的时候去家具商场看看有没有低点的柜子，龙龙刚才想从柜子上拿东西，差点摔倒。"

班主任心里一惊，这……完全是保护过度了吧。

好妈妈如是说

在生活中，有的妈妈就有过度保护孩子的倾向，这不仅使孩子产生强烈的依赖感，还会让他对外界的适应能力下降，遇到困难时也会变得束手无策，只等妈妈前来"解救"。久而久之，孩子性格就会变得懦弱、害羞，不会主动与他人交往，形成一种恐惧他人的心理，自强自立更无从说起了。那么，为了孩子的健康成长，妈妈应该如何去掉"保护罩"，让孩子变得自立起来呢？

1. 不要把孩子关在"温室"里

有些妈妈担心孩子在自己没看见的地方受到伤害，把孩子当成温室里娇贵的花朵，寸步不离地呵护着，甚至孩子参加一些社交、社团活动时，妈妈也要跟着一起去。

这种过度的保护严重影响了孩子的交际活动，导致他们不会处理复杂的人际关系、不愿与社会接触，只想把自己关在自己的世界里或黏在妈妈身边，就像是妈妈的宠物一样。可是，妈妈们就真的愿意把孩子变成一只“宠物”吗？当然不是了，那就把“温室”的大门打开，让孩子去看看外面的世界吧。

2. 给予孩子肯定与鼓励

由于孩子还处在学习的时候，认识水平不高、经验不足，考虑问题不全面，在做事时，难免会发生一些错误。这时，妈妈不应该为此而指责孩子，更不能去打骂孩子，而应该以宽容的心态去看待孩子的行为。对于孩子做对的地方妈妈应给予表扬，有失误的地方，要想办法帮助他认识问题、分析和解决问题，以免下次再发生类似的失误。通过这种方法教育孩子，不仅可以锻炼孩子在自理方面的能力，而且还可以增强孩子的自信心，对孩子的身心健康都会有很大的作用。

别让孩子变成“小跟班”

妈妈箴言

不少妈妈都喜欢让孩子变成自己的小跟班，殊不知，这会扼杀孩子想要独立的念头，唯有尊重孩子的独立愿望，才能让孩子真正地成长起来！妈妈们应当为孩子自己解决事情创造一定的条件和机会，让孩子学习如何自己解决问题、如何适应社会。

成长故事

暖暖一直在爸爸妈妈的细心呵护下长大，在日常的生活中，无论暖暖要做什么事情，爸爸妈妈都会事无巨细地为她将一切准备得妥妥当当。

但是，随着年龄的增长，暖暖对这一点越来越反感，这让她觉得自己就像个小笨蛋，什么都不会做，什么也做不好。所以，她觉得自己要独立。

暖暖决定先从上学这件事情开始独立起来，从暖暖家到学校，走路不过一刻钟的时间，距离并不算远，但全家人却不放心，总是让妈妈送她。现在，暖暖就要升二年级了，从家到学校的路已经很熟悉了，所以她想自己一个人去上学，不想再让妈妈接送，做妈妈屁股后面的“小跟班”了。

新学期开始的第一天，暖暖就将自己的想法告诉了妈妈：“我不想让您送我上学了，我自己能上学了，您在家休息吧，我自己上学去了。我都这么大了，您还送我上学，万一被同学们看到了，肯定会被他们笑话的。”然而，暖暖的想法，却遭到了爸爸妈妈的一致反对。

首先，妈妈提出：“学校这么远，你一个女孩子，这么小，怎么能一个人上学呢？”爸爸也附和道：“路上车那么多，如果出点意外可怎么办呢？”最后，奶奶直接表示：“没有大人跟着怎么能行呢？还是让妈妈送你上学吧！”

好妈妈如是说

独立性，是时代对孩子的素质要求。今天的孩子们将来面对的是更加变化莫测的社会和发展更加迅猛的科技。因此，他们需要具备独立思考、判断、选择、解决问题的能力，以确定在人生的各种不同阶段自己应该做的事情，这样才能使自己的才能得以充分发挥，并能牢牢掌握自己的命运，否则将难以生存和发展。

替孩子做太多事，实际上就等于告诉孩子：你什么都不会做，你就是一个低能儿，你必须依靠父母，否则不能生活。在这种环境中长大的孩子，一旦走上社会，便会无所适从，会到处寻找帮助，这无疑会增加孩子的自卑心理。

每个孩子都有自己的世界，他们有时遇到的事情，是完全不需要大人干涉的，如和朋友之间闹了点矛盾，或老师给他们布置了课外实践的任务，这些事情他们自己都能够解决，妈妈不应插手。聪明的家长都知道什么事情应该插手，什么事情不应该去管。这样才能帮助孩子尽快摆脱依赖，走出父母温暖的羽翼，逐步成熟起来。

“流自己的汗，吃自己的饭，自己的事情自己干。靠天、靠地、靠祖宗，不算是好汉。”这是郑板桥临死前留给儿子的遗言，也应该是每一位母亲要谨记的名言。现在的学生大多以为自己是个小孩子，什么事情都要靠家长，这样的人是不能成就大事的，即使有好的学习成绩也没什么用。一个人首先要自立才能谈得上是一个真正意义上的人。

家长都希望孩子能够在自己的羽翼之下成长，以尽量减少生活给予他们的磨难，然而，孩子总有一天会离开我们的羽翼，张开翅膀飞向更高、更远的地方。到那时，如果孩子还没有学会飞翔的技巧，那么，当他们离开之时，也许就是自己坠入深渊的时刻。因此，妈妈应当尽早让孩子离开自己的保护，学会如何应对生活，如何适应社会，以丰满自己的双翼！

1. 请相信自己的孩子

妈妈应该相信孩子具有自己解决事情的能力和愿望，而要使孩子学会解决自己的事情，首先就要转变传统的教育观念。不少妈妈总是认为自己的孩子还小，不具备自己解决困难或冲突的能力，实际上，孩子都有着自己解决困难的方法及策略，尽管这些方法在成人的眼中显得笨拙了些。

所以，妈妈不应该总去帮助孩子，而要放手让他们自己做一些力所能及的事，使他们在做事的过程中积极思考，寻求解决问题的方法。如此不断做下去，孩子将能逐步学会自己处理事情，自己解决事情。唯有这样，他们以后的人生路才能走得轻松，才能知道如何去应对所遇到的困难。

2. 多给孩子一些独立生活的经验

唯有如此，才不会让他们长大以后因为缺乏最基本的独立生活能力而被社会淘汰。例如尽早让孩子学会拿筷子，自己动手吃饭，年龄稍大一点的，让孩子自己上学……尽早树立一种“培养孩子独立”的意识，让孩子学会自己完成自己的事吧！

合理安排孩子的零花钱

妈妈箴言

在家庭教育中，怎样安排孩子的零花钱，是一个经常会遇到的问题。而作为父母，绝对不能忽视这点。合理地安排孩子的零花钱，不仅有助于培养孩子养成艰苦朴素、勤俭节约的好品德，还可以帮助孩子提高支配生活的能力。

成长故事

鹏鹏今年9岁了，最近几乎每天都吵着要钱买东西，有时候是玩具，有时候又是学习用品等。当然，每到这个时候，爸爸妈妈多数都会尽量满足他的要求，把零花钱给他。

一天晚饭过后，爸爸妈妈在看电视，鹏鹏走过来说："妈妈，你能给我50元钱吗？"妈妈说："我不是前两天才给过你吗，你怎么又要啊？"

鹏鹏立即说："因为我最好的朋友明天要过生日，他邀请我去他家里玩，那我总不能空着手去吧，总得买个礼物表示一下啊。"

妈妈听了，马上就问："那你打算买什么礼物呀，怎么需要这么多钱啊？"鹏鹏很不高兴地说："这个你就不要管了，买什么是我的事，你给我钱就行了！"

虽然很无奈，但妈妈也不好拒绝，只能从钱包里拿出钱来给他。拿到钱的鹏鹏，马上开心地跑回自己的房间去了。

好妈妈如是说

妈妈如何安排孩子的零用钱呢？方法很重要。如果安排不妥，方法不当，则会产生不少的麻烦和问题。

1. 给孩子零花钱的方式要合理

在给孩子零花钱时，首先要掌握定时定量的原则，不能孩子要多少就给多少，也不能什么时候需要就找父母拿，这样会让孩子养成乱花钱的坏习惯。例如可以和孩子有个约定，定期支付。因为孩子年龄越小，计划与控制的能力越差，所以一般建议 10 岁前的孩子一周给一次，10 岁以后的孩子随着年龄的增长，对零花钱的需求数量也会相应地增加，可以酌情半个月、一个月给一次，直至延长到一学期给一次。

此外，也可以在特殊节日比如说孩子过生日的时候适当增加零花钱，并与孩子事先商量好，这些钱该怎么花。

2. 培养孩子正确的金钱观

培养孩子正确的用钱观念，要告诉孩子，不管家里有没有钱，家里的钱都是大人们付出劳动得到的工资报酬。不要让他有一种错觉：反正家里有的是钱，多花一点对整个家庭经济也不会有太大影响。为此，家长一定要在用钱上帮助子女建立正确的人生观念，让孩子明白，零用钱不是他自己的钱，更不是父母欠他的，这些只有靠劳动与努力才能获得，世上没有不劳而获的美事。

3. 形成合理的消费观念

花钱买东西不是一种随便的行为，妈妈要教会孩子考虑好了再决定，形成合理的消费观念。让孩子知道，哪些是该花的，哪些是不该花的，哪些是可有可无的，妈妈要帮孩子分辨。让孩子明白，钱可以用来满足自己的部分愿望，但要学会克制，懂得节约和理性地取舍，“把钱花得更有意义些”。

4. 不要把家务与零用钱简单挂钩

让孩子明白孩子也是家庭的一员，做家务是理所应当的。自己的房间自己收拾，自己的玩具自己整理，这都是自己的事，不该计取报酬。此外，不要让孩子误解零用钱的有无、多少和父母的爱的多少有关，例如“你这次表现得不好，妈妈不喜欢你这样，再这样做下周的零用钱就不给了”等等。不要让孩子把钱与爱两者的关系加以混淆。

同样，也不要把零用钱用在奖励孩子的考试成绩上，这样不利于孩子端正学习态度。

此外，还要特别提醒各位妈妈，孩子在零用钱的使用过程中，难免会出错，这时不要责怪孩子，应该由浅入深，分阶段、有计划地进行教育，给孩子锻炼的机会，培养孩子正确的金钱观，包括如何获得和使用。不要让孩子为赚钱而劳动，为赚钱而学习，而要让他们在劳动中得到快乐，与家长关系更亲密，这样，钱的目的性就会被减弱。因此，妈妈需要用一些时间来加以引导，教给孩子支配钱物，而不是单纯地学会消费，也能帮助孩子解决成长中的困惑，养成良好的消费习惯。

让孩子自己去处理交往中的矛盾

妈妈箴言

孩子们生活在一个集体中，难免会发生一些争吵、矛盾，其实这些事情的出现未必就是坏事，因为它可以提高孩子独立解决纠纷的技能，丰富孩子的社会经验。相反，成人“插手”会使孩子失去练习的机会。

成长故事

小区里两个孩子玩着玩着因为玩具打起来了。打完之后都各自回家告状。不一会儿，孩子带着各自的妈妈来见面，两位妈妈开始评理，接着开始吵架，最后升级为打架。打着打着，转过身一看，咦？两个孩子像没事人一样，又一起玩耍了！

好妈妈如是说

这故事带给很多妈妈不小的启示，它让我们知道，孩子之间的矛盾和冲突根本没有我们想象的那样大，而且是特别容易化解的。但是因为我们爱子心切，害怕孩子受到伤害，担心孩子不会处理，于是不顾一切地挺身而出，用成年人的方式解决孩子之间的问题。殊不知，我们的插手不但锻炼不了孩子解决问题的能力，还会让他因更加依赖我们的保护而丧失自我保护的能力。这样发展下去，孩子不但会变得更脆弱，也会因不会处理矛盾而感受不到与人交往的乐趣，渐渐成为不善社交的人。

另外，很多以自我为中心的小朋友在交往过程中都可能会与他人发生摩擦和矛盾，这些摩擦和矛盾会促使孩子反思和改变自己的交往方式，学会协商、轮流和合作的方法。

所以，面对孩子之间的矛盾，家长不要插手，要给他们自己解决的机会，让他们从中学会自我保护，学会沟通协调，在实践中学会与人交往。那么，当孩子间发生矛盾时，家长应当怎样做呢？

1. 冷静观察，不要过分地干预孩子

当孩子和别的小朋友发生矛盾摩擦时，妈妈先冷静地在一旁观察，提出适当的建议或解决办法，不要过分干预，尽量启发孩子们找到双方满意的解决方式。大人不合时宜的介入会把矛盾扩大化，学会“冷处理”，等孩子冷静下来了，再帮孩子做评判，让孩子自己解决问题。

2. 教孩子分析问题根源

教孩子分析问题根源，是什么原因造成的，自己有没有过错，哪些地方需要改正，让孩子自己想办法，找根源。这样做的好处在于能够让孩子懂得，以后再碰到类似事情该如何解决。

3. 让孩子自己面对矛盾

游戏场里，3 岁的欢欢见娟娟小姐姐在秋千上玩得很开心，也很想玩，但娟娟就是不肯下来。没办法，欢欢只得到妈妈那儿求助，希望妈妈叫娟娟下来，让自己也玩一会儿。

如果此时欢欢的妈妈上前叫娟娟下来，让给欢欢玩，容易引起孩子之间的嫉妒和不平衡。也容易纵容孩子一遇到困难或麻烦，就本能地找父母或老师解决的习惯。所以，最好的方法就是告诉孩子，自己去找小朋友商量和解决。

4. 别数落孩子懦弱

孩子受了欺负，向我们哭诉，你的数落就是在指责孩子。想寻求安慰的孩子反倒得到一顿数落，恐怕孩子以后有什么事都不敢再告诉我们了。

所以，我们不要指责孩子，而是听清他的描述后，告诉他下次应该如何做，把能具体落实的办法教给他，让他知道，自己在遵守游戏规则的前提下，无须做出无谓的让步，如果被人欺负了，自己有反击的权利，当然不一定是动手还击，可以借助语言或其他方式警告对方。如果这个伙伴很霸道，又有暴力倾向，要建议孩子敬而远之。

引导孩子学会自己做决定

妈妈箴言

有人说，一个人走过的人生会怎样，完全取决于他做出了何种选择。的确，我们每个人所走过的每一步，无不是选择的结果。在选择的那一刻，也意味着放弃了没有选择的那一部分。因此选择可能会直接影响到我们下一步的生活、机遇乃至整个人生。

没有人可以选择所有，必须有所得、有所失。孩子亦是如此。所以，妈妈就必须在孩子还小的时候就培养他取舍和选择的能力。如果孩子很小就具备了这种能力，那么等他长大后，无论面对生活还是工作都会更加自如，更加顺利。

成长故事

淘淘是个天真可爱的小女孩，妈妈林铮也一直很注意对她的全面教育。

最近，林铮准备送淘淘去上“兴趣班”。当然，这么做不是因为她“随大流”，而是确实是孩子自己想去学。本来，林铮想淘淘以前接触过钢琴，所以现在去学钢琴是首选。上了幼儿园以后，淘淘对画画也有很浓厚的兴趣，所以去学美术也可以。可是淘淘又一直说想去学舞蹈，孩子本身的身体条件也确实适合学舞蹈。

林铮对待孩子的问题一直很民主，她想听听孩子自己的决定，于是问道："淘淘，你不是一直想参加兴趣班吗？妈妈觉得现在可以去参加了，不过妈妈尊重你的意见，你说说看，要学什么？"

淘淘思考了一会，说："妈妈，我能报几个班啊？"

林铮笑着说："当然是一个了，多了你也学不过来，再说也没那么多时间啊。"

淘淘为难地说："可是，妈妈，我既想学舞蹈，又想学钢琴，还有画画我也喜欢啊，怎么办呢？"

林铮说："妈妈也考虑过这些了，不过这个要你自己做决定。"

淘淘用小手拍了拍自己的头，说："妈妈，我想想吧！明天再说。"

第二天晚上，林铮再次问起女儿这个问题，淘淘说还没想好，一直到第三天，淘淘还是没有想出一个结果。看到女儿的"优柔寡断"，林铮说："淘淘，妈妈明天就要去给你报名了，你今天必须得告诉我你选择的结果。"

淘淘马上大声地说："不行妈妈，我选了一个又舍不得另一个，我还没想好呢！"

林铮说："淘淘，你总是这样。如果你是一个医生，选择一种药都要这么久，病人能等得了你吗？作为一个独立的人，你必须要学会选择，因为生活中每一件事都要经过选择。你也要学会放弃，有舍才有得。明白这一点对你来说很重要，你记住了吗？"

淘淘看见妈妈生气了，乖乖地说："我记住了，妈妈。那我去学舞蹈可以吗？因为我还是比较喜欢舞蹈。"

好妈妈如是说

每个孩子在日常生活中，都会遇到很多要做出选择或放弃的机会。而妈妈正好可以合理利用这些机会，培养孩子选择或放弃的能力，就像淘淘妈妈那样。人生在某种意义上就是不断地取舍，选择或放弃因此就成为生存能力中一个重要的方面。

更重要的是，多给孩子选择的机会，孩子会感受到被尊重、被信任，从而能带给他们自信和成就感，使他们感受到自己能把握生活。

可以说，选择决定了一个人的人生道路是平坦还是泥泞，是康庄大道还是独木小桥，是收获颇丰还是无功而返。所以，在孩子幼小的时候，家长必须承担帮助孩子做出选择的义务。比如，当孩子面对众多兴趣和爱好的时候，不应去干涉，而是帮助孩子找到适合自己的，有利于他未来的发展，而不是一味地沉迷于自己对孩子所期待的、所设想的那些对他的发展并没有什么好处的事情上。

有些孩子会沉迷于一些不良的爱好而无法自拔，有的孩子不懂得事情的轻重缓急，总是按照自己的想法去设想、去操作，就是不懂得舍与得之间的因果。到头来，这些孩子总是难免碰一鼻子灰。这样的孩子，相信绝不是父母所期望的。

当然，想要做出正确的选择，必须要有知识和阅历做基础。为此，我们特别总结了以下几点建议，让你帮助孩子提高自身水平。

1. 帮助孩子树立正确的观念

什么是正确的，什么是错误的，什么是好的，什么是坏的，在不同的价值观念的衡量下会有不同的结果，尤其是在现在这个多元的社会中。孩子只有具备正确的价值观念，才可能选择正确。

所以，要想让孩子做出正确的选择，父母先要帮其树立正确的观念。想要做到这一点，妈妈就必须在各种环境下告诉孩子什么才是“正确”。例如在公众场合大吵大闹、蛮不讲理，这就是不正确的；在家里主动做家务，这就是值得赞扬的。不要做出模棱两可的解释，以免孩子对“正确与错误”分辨不清。

2. 让孩子学会正确的比较和判断

比较是选择的前提。有了正确的比较，才会有最佳的选择。对于这一点，父母可以给孩子一定的帮助，例如让孩子去做两件有差距的事情，事情的结果有助于锻炼孩子的判断力。

3. 教导孩子学会割舍和放弃

当孩子拿不定主意，寻求帮助的时候，告诉孩子任何选择都不是十全十美，选择是一个放弃和割舍的过程。当孩子依然蛮不讲理时，我们不妨果断地打消他不合理的要求，并且暂时不与他说话。这么做就是要让孩子明白：自己不能拥有一切。

不要觉得这样做会伤了孩子的心，虽然他们会产生些许失落，但是他们更明白，只有做出适当的放弃，才会重新赢得父母的笑容。

4. 培养孩子良好的心理素质

任何人都不能保证自己的每一个选择都是正确的。换句话说，选择有正确，也肯定会有失败，不可能每次选择都成功，都能达到预期的效果和目标。因此，一定要锻炼孩子承受打击和失败的心理素质。只要能够汲取教训，选择正确的时候就会越来越多，选择错误的时候就会越来越少，也就会越来越坚强。

有意识地让孩子吃点苦

妈妈箴言

“现在的孩子最不能吃苦了”，这是很多人的感觉。确实，现代的孩子变得越来越脆弱了。遇到问题，习惯退缩或是找他人帮忙，不愿意自己在这条吃苦的道路上走一走，久而久之，长大后，走出父母的庇护，但凡一点小挫折就可能会把他打击得体无完肤，进而产生自卑心理，他也会更不愿意去面对任何风雨，形成恶性循环。

成长故事

小宝从小在城市长大，妈妈很是娇惯自己的这个儿子，什么事都不让儿子做。一次，爸爸妈妈有事出差带不了他，就准备把他送到乡下爷爷家待一个月。可小宝死活都不愿待在爷爷家，说爷爷家没有马桶，上厕所还要蹲着；爷爷家养了一些鸡，小宝说太臭了，肯定会把他熏晕的，爷爷家的饭也一口都不想吃……这可让小宝妈妈犯了难。

好妈妈如是说

生活中，我们都希望自己的儿子成为一个坚强的男子汉，可现在由于大部分家庭都是独生子女，又使得我们对孩子有太多的溺爱与保护。结果，我们的孩子养成了依赖与坐享其成的毛病，对他来说，吃苦就是最大的“风雨”。

面对这样的情景，妈妈应该怎样让孩子在今后充满风雨的人生路上做好准备呢？

1. 别总去安慰遭遇风雨的孩子

人生遇到挫折对任何人来说都是不愉快的事情，孩子还小，所以他的这种不愉快会表现得更加强烈。看到他消沉的样子，妈妈可能会不忍心，会忍不住上去安慰他，为他出主意。

偶尔一次安慰可以给孩子带来鼓励，让他不会被挫折所击垮。但如果我们总是与孩子“一起”面对困难，如果我们一看见自己的孩子有困难或受委屈了，立刻就先沉不住气，一边吼叫着他“没用”，一边给予他所有帮助的话，那么他的依赖感只会增加。一旦将来他独自遇到了挫折，一定会因为不知所措而被挫折打倒。

所以我们要适当“冷酷”一些，教他学会该如何应对挫折之后，就要鼓励他自己去面对。遇到事情，要给孩子自己考虑的时间，这段时间里不要对他过分关注，让他自己去思考。如果他忍不住求助，妈妈也不要很详细地告诉他该如何做，而是简单提醒他一下，给他一个思考的思路，剩下的事情让他自己去解决。

2. 适当地为孩子“准备不全”

妈妈总是会给孩子准备齐全所有他需要的东西，无论他的学习还是生活，我们总让他没有“后顾之忧”。可这样的后果就是，孩子会躺在齐全的准备中享受，完全不考虑其他。

我们需要适当地让孩子为了自己去“奋斗”，比如让他为自己创造一个整洁的生活环境，为自己清理出干净的书桌等。孩子要养成这种为自己奋斗的习惯，而我们则要从最初的为他准备好一切，逐渐地减少“供应”，让他开始有意识地去面对某些“缺陷”。这样即便将来遇到了因为准备不足而带来的问题，他也会知道该如何应对。

3. 让孩子吃苦也要有度

如果一个人不吃苦，他一旦遭遇“苦”就会被其打倒；相反，如果一个人总在吃苦，时间久了，他也会因为经常受到打击而内心失去希望。所以，我们这种有意识地让孩子吃苦、经风雨的做法也要有度，要适可而止。毕竟，我们的目的只是让孩子能学会独立，而不是打击孩子的自信心。

我们首先要衡量孩子在哪方面需要得到锻炼，然后还要根据孩子的个性特点来为他选择与安排吃苦训练的方式。同时，当孩子自己战胜了困难，我们还要及时给予夸奖与鼓励。

第七章

教方法：好方法让孩子轻松学习

做任何事，都是有方法的，孩子的学习也是一样。学习不是一味地死记硬背，讲求方法，才能事半功倍，才不会做无用功，学习就变成一件轻松、有趣的事。

抓住学习关键环节，集中力量解决重点

妈妈箴言

很多妈妈都反映过这样的问题："我儿子在家也学了一整天，给他随便出个算数的题，可还是错一大片……"这个问题集中反映了有些孩子学习没效率，看似学了一整天，实际上可能就学会了一道题，甚至没什么收获。孩子心里苦恼，妈妈也跟着着急。

成长故事

小里奥学习真的很刻苦，但是成绩却一直都不理想。妈妈对此感到很奇怪，仔细观察里奥的学习方式，很快就发现了问题。原来，里奥每天用了大把的时间在复习功课上，但是他每次都是把今天学过的功课全部都看一遍，根本没有主次，既浪费了时间，又没有把不会的关键部分搞懂。如此一来就导致里奥每天学习时间很长，可是学习效率却很低。

好妈妈如是说

有一个哈佛大学的学生曾经这样说过："对知识学习难易度的把握要有针对性。什么地方该难，难到什么程度，关键知识点在哪里，不可盲目。处处都是难题，显然不合适。"把握学习的难易度，要针对学习目标和关键知识点来确立，尤其是关键知识点，这应是难易度确立的“重心”。

孩子在上课前，要学会分析关键知识点和重点难点，准确把握其理解的难度，然后围绕重难点，选择题目。这样，在恰当的地方有针对性地选择合适的难度，有利于集中精力解决关键知识点，突破重难点，从而有效提高学习效率。同时，把握住了“重心”，这也为非重难点处的学习提供了方向，无须在非重难点处深挖，思考过难的问题，只需扣住与重难点相联系的问题即可。

孩子在课堂上，学习的“重心”在重难点处，能否有效突破重难点是学习成败的关键。可见，学习要疏密有致，学习的“密”就要安排在课文的重难点处。通过加大训练的密度来凸现出重难点处的学习，使自己在反复、逐渐深入的思维训练中强化对重难点内容的感悟、理解。而对于那些较简单的内容，就可做做“疏”的文章，通过一些较单一的学习形式，舒缓紧张的思维状态，让自己在短时间内获得一些“休整”，有意识地让自己的身心得到调节。

对孩子来说，有以下五个方面应该作为学习的关键点。

1. 学科中统领其他章节的内容

这些内容在整课或整本书中具有十分重要的地位，或统领其他知识，或为其他知识的前提和基础，或承上启下，或为全课乃至全书的最终落脚点和归宿。

2. 焦点

这些内容要么是与孩子身心发展及学习生活密切相关，孩子需要掌握这方面的知识来指导自己的思想和行为；要么与孩子及全社会关心的热点问题有直接联系，孩子亟待了解并希望正确解答。

3. 知识点本身难于理解

或理论性强，抽象、深奥，孩子不易接受；或为专用术语，孩子比较陌生；或结构复杂，涉及许多方面。

4. 易混知识

与其他知识点在表述、内容、结构上相似、相近，孩子易出现记忆错误，混淆不清。

5. 认知障碍

孩子对这方面的知识已经有所了解，但非常零散，认识模糊；或为表象所迷惑，产生疑虑和困惑；或受社会上不良思想、错误价值观念的影响，形成思维定式，甚或对此知识点的接受持逆反心理。

对于孩子来说，课前预习是学好新课的前提，是一种有效提高学习效率的好方法，也是解决重难点知识和关键知识点的重要途径。如果不搞好预习，上新课时就会心中无数，不得要领。反之如果做好了预习，带着问题进课堂就产生了一种想学、想问、想练的良好心理，有利于培养学习新课的兴趣，有利于集中精力对付新课的重点和弄不懂的难点，有利于培养孩子的自学能力和探索精神，一项调查显示：经常预习的孩子的平均成绩要高于不做预习的学生的成绩，而且差异是显著的。

学用结合，牢固掌握

妈妈箴言

学而不用，所学的知识就只能存在于头脑中，无法转化成能够改变现实世界的力量；用而不学也是不可以的，没有学习的过程，知识储备就会匮乏，在遇到新问题的时候，我们就会无计可施。所以，只有将“学”与“用”很好地结合在一起，才能更好地发挥知识的力量。

对于孩子来说，能够将学与用结合起来是很不容易的，特别是在应用这个问题上。现在的许多孩子恰恰是在“用”这个方面存在很大的问题。孩子往往能够将知识背得烂熟，可是在遇到需要应用的时候，却不知道从何做起。

成长故事

小敏的英语成绩在班里一直名列前茅，经常得到老师的表扬。

能够取得这样的成绩，小敏确实下了很大的功夫，每天早上坚持背单词、读课文，课余时间还会做一些练习题。妈妈也为女儿刻苦努力所取得的成绩感到很自豪。

有一天，小敏在和妈妈散步的时候遇到了一位外国人，这个人好像很着急的样子，他匆忙走过来，用英语向母女俩问了一个问题，手上还一直比划着，眼中充满着期待。可是小敏竟然没有反应过来那位外国人说的是什么，一脸的茫然。

那位外国人感觉小敏好像没有听懂他的问题，便去问其他人了。

小敏妈妈看到这个场景之后，明白小敏虽然在英语学习上很努力，成绩也很好，但是还缺乏实际应用能力。

好妈妈如是说

学得好，可是却不知道怎么应用，这其实是一个大问题。一些妈妈过度地强调成绩的重要性，致使孩子习惯了为成绩去学习，以得到老师和妈妈的表扬为目的。这样的孩子只是做到了“学”，而没有做到“用”。从理解的角度来说，他甚至连“学”都没有达到，只是做到了“背”，最后背成了“书呆子”。

孩子知道如何应用所学的知识才说明他真正理解、掌握了这些知识。而且，我们都希望孩子将来学有所成，这个“成”就是指他能够运用自己所学的知识成就自己的事业。所以，我们应该帮助孩子养成学用结合的好习惯，让他不仅学得好，还要用得好。家长不妨从以下几个方面入手。

1. 为孩子确立“学以致用”的学习目的

孩子不能够将“学”与“用”很好地结合起来，很大程度上来讲是因为他的学习目的出了问题。

“我学习就是为了我妈妈”“不好好学习就不能够得高分”“学习不就是为了将来上大学，拿文凭吗”“妈妈说学习就是为了将来挣大钱”。如果孩子抱着这样的目的进行学习的话，那么在他的头脑中就根本不会存在应用知识的意识，自然也就不会想到将“学”与“用”结合起来。这样，孩子会认为，学习知识就是为了在考试的时候会做卷子上的题目，而当他在生活中遇到问题的时候，他并不知道如何用自己学到的知识来分析和解决问题，解决问题的能力自然不会很强。

然而，我们让孩子好好学习，不就是希望他将来能够更好地应对生活吗？所以，我们现在就应该告诉孩子：好好学习，要不你遇到不顺心的事情时就想不出办法。如果孩子以解决问题作为学习目的，那么他自然就会为了应用知识而学习，也就能够做到学以致用了。

2. 给孩子创造施展才华的机会

孩子没有应用所学知识的意识，往往与我们的教育方式有很大关系。就像前面提到的，有些妈妈只关注孩子的学习成绩，在这种情况下，孩子也就很自然地把获得好成绩当成了学习的目的。因此，如果我们想培养孩子学用结合的习惯，我们就要改变自己的教育方式，为孩子创造更多的施展才华的机会。

其实，孩子是很乐于展示自己的学习成果的，这种展示从一定意义上来说就是一种应用。所以，我们平时应该多给孩子提供一些施展才华的机会，比如，我们可以请孩子帮忙看一看英文说明书，或者让孩子帮助自己算一算账。这些都可以让孩子用到他所学的知识，而且还会让孩子很有成就感，从而激发他继续学习的热情。同时，也增强了他应用所学知识的意识，时间久了，也就养成了学用结合的习惯。

不过，我们也应该告诉孩子，施展才华是建立在他扎实学习的基础上的，要把它看成是一个应用知识、锻炼本领的机会，而不是显示自己的舞台，切不可“飘飘然”起来。

3. 鼓励孩子多动手、多实践

孩子学与用脱节的一个表现是动手能力差。动手能力差，是因为孩子缺少动手实践的机会，所以要想提高孩子的动手能力，就要让他多动手做事情。在这个过程中，孩子一定会遇到一些困难，为了解决这些困难，他就要开动脑筋，使用所学的知识。

其中一个典型的例子就是教孩子做手工。这时，他就会用到手工课上学到的内容，还会用到几何作图或者物理知识，这样就能够让孩子在实践中应用自己所学的知识。当然，让孩子实践的方式还有很多，比如，可以让孩子试着自己养花，这样他就会用到所学的生物知识。不同的实践项目可以锻炼孩子对不同知识的应用，而且，实践的本身也是一个学习的过程。所以，我们平时应该鼓励孩子多参加一些实践活动，培养自己的动手能力。经过实践的锻炼，相信孩子一定会很快习惯应用知识。

4. 给孩子创造学用结合的机会

在生活中，我们应该尽可能地给孩子创造一些学用结合的机会。比如，旅行是一项可以让人增长见识的活动，也是一件需要我们应用所学知识的事情。

作为家长，我们可以鼓励孩子在旅行之前多了解一下旅游景区的相关知识，旅行时再到实际环境中感受一下，一定会有新的体会。而且，我们还可以让他结合实际情况把自己看过的内容讲给我们听，这样一来，不仅增进了家人之间的感情，还给了孩子一个学以致用的机会，相信孩子一定会对“学用结合”有更深的体会。

智慧地激发孩子的学习兴趣

妈妈箴言

孩子学习没有主动性，妈妈再三催促下，才慢悠悠地去学习，不到半个小时，就忍不住在房间里摆弄自己的玩具，别的小朋友一喊，屁股就坐不住……爱玩是孩子的天性，也难怪孩子对枯燥的学习没有主动性。这时，妈妈可以用智慧耐心地激发孩子的学习兴趣，让孩子主动跟学习“亲近”。

成长故事

桑迪上一年级以来，每次作业，他妈妈总是紧盯着，严把质量关，为此，桑迪也习惯了妈妈的做法，每天作业一写完，就把本子往妈妈面前一放，说：“妈妈，检查。”当然，桑迪妈妈一定会把儿子的作业从头到尾认认真真地检查一遍，确认无误后才让他收拾起来。

可是，桑迪马虎的毛病始终得不到改正。每次考试，常常因为马虎而失分。写字不是多一点，就是少一点；计算不是进位忘了，就是抄错数了。是不是长期以来的包办检查作业所致？在思考研究后，桑迪妈妈决定换一种方式试试。

她跟儿子约定：每次作业，必须自己检查好，检查完了才算写完了。桑迪因为老师批评他近来的作业明显比以前退步了，恳求妈妈恢复以前给他检查作业的方式。妈妈明确告诉桑迪，他以前的作业都是妈妈给检查出来改了才全对的，现在，妈妈不能让他依赖性太大。难道考试也让妈妈去检查？作业是自己的事情，应该学会自己检查作业，不认真对待作业就会尝到粗心的滋味。

从此，桑迪写作业，妈妈依然督促，但对他的作业检查却少了许多。久而久之，桑迪养成了写完作业自己检查的习惯。如今，四年级的他作业已基本属于免检，有时偶尔翻翻他的作业本，也能找到一些错误，但桑迪妈妈并不轻易地责骂他，而是耐心地开导、教育，让他自己发现错误、改正错误，桑迪的成绩越来越好。

好妈妈如是说

美国一位教育家曾说："在教育孩子这件事情上，我不知道除了激励，还有什么其他的方法。"可见，孩子学习是需要激励的。那么，妈妈要如何激励孩子主动学习呢？

1. 给予孩子足够的肯定

只要孩子的表现有值得认可和肯定的地方，哪怕只是微小的进步，妈妈也不要吝啬你的赞扬与夸奖，因为你的肯定会让孩子获得更大的自信，也会激励孩子主动学习。

如果孩子真的努力了，可还是没有达成目标，这时妈妈同样不要吝啬你的夸奖。但需要注意的是，这时的夸奖要具体，如"妈妈看到了你实实在在的努力，虽然没能达到目标，但你仍然进步了，妈妈也觉得很高兴，妈妈相信你下次会比这次做得更好。"

尽力使孩子每天的学习富有吸引力与成就感，关注孩子每一天的学习，而不只是每次考试的分数。妈妈还可以鼓励孩子将学校里发生的有趣的事说出来，孩子在回味中能感受到每天的学习生活充满色彩，具有吸引力，孩子就会更加喜欢上学。共同欣赏孩子的学习成果，能激发孩子更高层次的成功欲望。在孩子心里，妈妈把他的作品或成果展示出来，也就是对他努力的过程给予了肯定，为了体验更多的成就感，他就会追求更高层次的成功，这样就会形成一个良性循环，不断地激励和鞭策孩子继续努力。

2. 和孩子一起学习

孩子读书、写作业，妈妈陪在一旁，作用不仅仅是监督，也不一定是要给予孩子多大的辅导，而是为了使孩子受到激励，让孩子在妈妈爱的关怀中学习，这比请家教的效果好很多倍。妈妈完全可以在一旁忙自己的工作，这样孩子看到妈妈都在学习，自己也就会塌下心来专心学习了。

另外，当孩子在学习中遇到困难时，陪在一旁的妈妈可以帮他，也一定能帮他，这个“能”不一定是有能力帮助孩子解出习题答案，更重要的是引导孩子将一时烦躁的心平静下来，帮助孩子增加自信，振奋孩子的精神，帮助他继续挑战困难。比如，妈妈不能完全弄懂孩子的问题时，也可以读一读要领、例题，引导孩子思考，给孩子加油，这样做给孩子的感觉就是虽然妈妈不能帮自己解出答案，但是妈妈非常愿意帮助自己，妈妈是关心自己的，这种无声的爱会使孩子心中暖暖的。

3. 培养孩子“自我归因”的能力

孩子在学习中总会遇到各种各样的问题和困难，他也许会因长时间无法取得进步而气馁，也许会因自己不如其他同学而自卑，也许会因一次考试的失利而萎靡，也许会因受到老师的批评而泄气……孩子年龄小，无法通过自我调节而走出心灵的困境，这时就需要妈妈的激励。发现孩子萎靡不振的精神状态后，妈妈若能找出原因，对症下药，及时给予孩子激励，只要妈妈把话说到孩子的心坎里，孩子就会欣然接受，他的情绪也就不会持续低迷，而且会很快调整心态、振奋精神，向着下一个目标前进。

孩子小的时候，妈妈可以帮助孩子查找原因并解决问题。随着孩子慢慢长大，妈妈就要教孩子学会自己查找原因并及时进行自我调节。孩子在学习中受挫的原因往往有很多种，所以妈妈要帮助他学会“自我归因”。

总之，只有帮助孩子找到消极懈怠的真正原因，妈妈的激励才能起到作用，孩子才能继续主动学习。

4. 发挥名人的榜样力量

妈妈教育孩子的方式有很多种，用名人做榜样激励孩子主动学习是很重要的一种方式。学者菲尔丁说：“典范的效果能够比其他教育方式更快、更强烈地铭刻在孩子心里。”可见，榜样的力量是巨大的。

名人的经历对孩子的启发会根植于心，为他们的未来成才发挥指向标的作用。有人说过，预测一个少年的未来，有一个非常简单的方法，就是看他最喜欢的人是谁。孩子把某位名人作为自己崇拜的对象，就会不自觉地模仿名人的言行以提高自己，这有助于培养孩子的上进心。妈妈要有意识地引导孩子学习名人身上的意志力、优秀品质、学识和才华，让孩子朝着名人的方向和高度努力，这样孩子在学习的道路上才不会缺少动力。

激励孩子主动学习的方法还有很多，妈妈可以选择最适合他的方法来激励他。比如，有的孩子喜欢阅读，就可以送给他一本励志书籍，让主人公积极向上的精神感染他，以此让他受到鼓舞；如果觉得用语言无法表达或效果不是很好时，可以给孩子写封信，用信函的形式激励他；如果妈妈很会讲笑话，也可以用幽默的方式来激发孩子学习的信心。多了解自己的孩子，你就会拿出最适合的方法来增强他学习的积极性，变“要我学习”为“我要学习”。

允许孩子出去玩，注意劳逸结合

妈妈箴言

妈妈大多都很看重孩子的学习，因此对孩子的学习也抓得格外紧。孩子每天要早早出门，下午放学后有的孩子还要去参加课外兴趣班。我们还有周六周日可以休息，但很多孩子却要在这两个休息日里去上各种辅导班。可以说除了睡觉，没有一点儿休息的时间，长时间的负荷，孩子怎么能承受得住!

成长故事

强强刚上小学四年级，但妈妈对他的学习抓得非常紧。在妈妈的催促下，强强每天除了上学，就是上辅导班，要不就是在家里做练习册。

可是最近几天，老师向强强的妈妈反映说，强强上课总是打瞌睡，注意力也不集中，有时候刚上到后半节课，他就睡着了。妈妈觉得很奇怪，于是按照老师的建议带着强强去医院进行了一次检查。结果，医生诊断他是脑负担过重，并出现成年人才有的疲劳综合征。最后，医生建议强强的妈妈，一定要让他劳逸结合，否则这种病症会更加严重。

好妈妈如是说

孩子小小年纪，就要承受这种“超强的工作量”，所以才导致强强小小年纪就出现了成人才有的疲劳综合征。我们应该采纳医生的建议，要给孩子一定的休息和娱乐的时间，让他注意劳逸结合。孩子只有身体健康、精神愉快，他的学习才能更有成效。

1. 和孩子一起列个时间表

之所以要和孩子一起列这个时间表，是因为孩子本身的自控能力有些差，如果让他自己去列时间表，他可能就会更倾向于将休息的时间安排得多一些；而相反的，如果是我们来为孩子列时间表的话，望子成龙的我们一定会期望他多学习，即便是他休息的时候我们也会不自觉地为他安排上诸如背单词、背课文等任务，从而使他的负担加重。

所以，宝妈们要和孩子商量着来，根据他现阶段要学的科目和已有的一些辅导班，帮他将学习的时间与休息的时间分开安排。在他学习一段时间之后，就要让他活动一下。而且遇到周末时，也要适当为他安排一些娱乐时间，让他的身心都得到放松。

2. 告诉孩子，认真地学习，开心休息

有的孩子即便有了时间表却会出现这样的情况：学的时候想着还有几分钟就可以休息了，可真到了休息的时候他又想着刚才的学习没有什么进展。这样一来，学也学不踏实，休息也休息不好，这样的“劳逸结合”就是失败的。

所以，要告诉孩子，如果是学习时间，就要集中精力，认真钻研；而到了该休息的时候，就要真正抛开书本，彻底让大脑和身体得到放松。当然，也要提醒他不能太死板。比如，他原本在做练习册，但由于题目有些难，所以到了限定的时间没有做完，这时他需要先尽量将该做的题、该学的知识告一段落之后，再去休息，而绝对不是到了时间就一定要休息。他的时间表大方向是不变的，但是其中的具体时间要灵活掌握。

3. 提醒孩子休息的方式不只是玩

一说到要劳逸结合，孩子可能都会想到，“劳”自然是指学习，“逸”就是玩了，因此很多孩子在休息的时候就是单纯地玩，这也难怪我们很多妈妈不愿意让孩子“劳逸结合”了。

其实休息的方式不只玩儿这一种，孩子还有很多可做的事情。比如，他可以在这个时间里进行体育锻炼，跑跑步、打打羽毛球或者去健身器材上锻炼一下；他还可以利用这段时间来帮我们分担一些家务，简单地扫扫地、浇浇花，或者是带宠物去散散步等；他还可以利用这段时间进行他的兴趣活动，画画、写字、做小实验，让大脑从书本中暂时解脱出来……

在学习中添加游戏的因素

妈妈箴言

对孩子来讲，世界是丰富多彩的，是未知的，所以他们什么都需要学习。让孩子在游戏中学习，是最好的一种认知方法。游戏就是一种孩子玩耍的活动，是一种孩子可以自由参与的活动。在学习中添加游戏的因素，可以让孩子快乐地学习。

成长故事

小曼是家里的独生女，平时她要求什么，父母都会满足她。12 岁生日的时候，小曼向妈妈要了一部手机，并且和妈妈说是用来学习的。

一天，妈妈发现小曼总是在用手机玩游戏。于是妈妈就说："小曼，你再用手机玩游戏，我可就给你没收了。马上就要上初中了，你不急呀？"小曼听妈妈这样说，就收敛了几天，可后来她就躲被窝里偷着玩。

正在妈妈一筹莫展的时候，爸爸说了一句话："孩子嘛，爱玩就让她玩呗，没准还能学到东西呢。"妈妈听了之后觉得很有道理，就帮小曼申请了一个 QQ 号，然后让小曼每天用 QQ 和同学讨论问题，并且教会了她使用可以补习功课的 APP。一个月下来，小曼的功课非但没有落下，还提升了不少。

好妈妈如是说

有的妈妈错误地认为，孩子只有严肃地坐在教室里认真听课，回家之后安静地在房间里温习功课，才能学得好。可事实上，这样培养出来的孩子大多会对学习产生厌恶的情绪，更多的孩子因为学习的枯燥而放弃了继续学习的机会。对此，教育学家提出对孩子的教育要以"寓教于乐"为主。

一位心理学家做过一个有趣的研究：他把一些未成年的猴子关在同一个笼子里，让它们相互嬉戏、追逐，而把另外一部分小猴子则单独放在一个个笼子里。结果发现，单独放到笼子里的小猴长大后变得十分痴呆，甚至有的还失去了求偶和生殖的本能。可见，小猴子能够正常地玩耍，是它健康成长的必要条件。

孩子的健康成长也是一样的。有时候，孩子玩游戏不仅不会浪费他的学习时间，反而会让孩子的思维变得更加敏捷。孩子所获得的知识，大部分都是从游戏中学到的。家长要学会适时地给孩子的学习添加点游戏的因素。

1. 适宜 3 ~ 5 岁孩子的简单小游戏

对学龄前的孩子，妈妈应该注重培养他们认识事物的能力，比如认识不同的颜色和形状，玩这些游戏，可以提高孩子的认知能力。

2. 适宜 6 ~ 10 岁孩子的简单学习类游戏

孩子上小学的时候，应该培养孩子的学习兴趣。妈妈要让孩子做一些简单一点、有助于学习的游戏。

3. 适宜 11 ~ 15 岁孩子的益智类游戏

当孩子处于小升初这个阶段的时候，家长可以让孩子多玩一些智力游戏，这类游戏可以使孩子的思维活跃起来。

妈妈在给孩子的学习添加游戏的因素时，一定要以孩子的学习为主，为孩子选择的游戏也要是能够学到东西的，最重要的是不能让孩子上瘾，否则就会适得其反。

教孩子注重思考

妈妈箴言

每位妈妈都希望自己的孩子将来有出息，为了孩子的学习而四处奔波：给孩子选好学校，为孩子请好老师，让孩子上各种补习班……然而，与家长热切的期望相反，很多孩子却很不“争气”，学习成绩一直上不去。妈妈自认为已经够努力了，可是静下心来想想：孩子上了好学校，参加了补习班，孩子的成绩就一定会有所提高吗？答案自然是否定的。那我们又该怎么办呢？答案是：培养孩子独立思考的习惯，这是孩子取得好成绩的必要条件。

成长故事

阳阳是家里的独生子，一家人都对他十分宠爱。

每天放学回家后，妈妈都指导阳阳做作业。一遇到不会的题目。阳阳就开始耍小性子。每当这个时候，妈妈就显得手足无措，最后只能帮着阳阳把作业做完，然后问阳阳："明白了吗？"阳阳也总是高兴地点点头。

可是阳阳的成绩一直不好。有一次妈妈问他："卷子上怎么这么多没做的题，你考试时在想什么呢？"

"我想让妈妈给我做！"阳阳满不在乎地说。

妈妈现在很后悔当初没有让阳阳独立完成作业。

好妈妈如是说

爱因斯坦在小的时候就养成了独立思考的好习惯。他在 12 岁的时候就开始自学高等数学，16 岁时已经自学完微积分。正是因为喜欢独立思考，爱因斯坦开始从一个新的角度来探索神奇的物理世界。经过反复思考和努力探索，终于，爱因斯坦在 1905 年和 1915 年先后提出了震惊世界的狭义相对论和广义相对论，成为了举世瞩目的大科学家。

爱因斯坦本人也曾说过："学会独立思考和独立判断比获得知识更重要。不下决心培养思考习惯，便失去了生活的最大乐趣。"

可见，独立思考的习惯对于一个人的成功是多么重要。的确，能够独立思考的孩子才会真正体会到学习知识的快乐，学习能力也会更强。孩子读过书并不意味着他已经学到了知识，能够利用所学的概念和方法去思考实际问题才算是真正理解、掌握了所学的知识。孩子在学习过程中遇到问题，通过自己的独立思考找到解决问题的方法，只有这样才能对所学的知识理解得更加全面，掌握得更加牢固，正所谓"有所思，才能有所得"。

独立思考的习惯也会锻炼孩子的思维能力，使孩子越来越聪明。如果把我们的大脑比作一部精密的机器，那么独立思考的好习惯就是这部机器运行的动力。独立思考可以拓展孩子的思维，提高他的分析能力，从而锻炼孩子解决问题的能力。

相反，不会独立思考的孩子的思维会有很强的惰性，他总想着依赖别人现成的方法，没有自己独立解决问题的能力。在学习上，孩子如果不会独立思考，就只能等着老师的安排，表现得非常被动。虽然他也会努力地记忆所学的知识，但是他并不知道这些知识是怎么来的，它们之间有什么样的联系。结果，他可能当时记住了，但是过了一段时间又忘记了，最后还是没有学到知识。

所以，与其强迫孩子参加各种补习班，死记硬背那么多的概念公式，还不如从孩子小的时候就培养他独立思考的好习惯，让他更主动地去学习，成为学习的主人。

1. 倾听孩子的见解

只有独立思考，才能产生独立的见解。如果我们想要鼓励孩子独立思考，那么我们就必须学会倾听孩子的意见。

当孩子提出了自己的见解，说明他思考过这个问题，如果妈妈没有给予重视，孩子会觉得自己的想法没有得到认可，如果再有几次类似的经历，孩子就不会再思考类似的问题了，或者即使思考了也只是放在心里，而不愿意再与他人交流。

所以，我们应该鼓励孩子发表自己的见解，并主动倾听孩子的一些小想法，不要因为这些想法微不足道而忽视它们。不仅要倾听，还要学会引导，防止孩子胡思乱想。

我们还可以鼓励孩子参与一些简单的家庭决策，比如今天吃什么、明天去哪里玩之类的，只要让他参与进来了，他自然也就开始思考了。孩子的想法受到了我们的重视，并且可以与别人交流分享，那么他就会乐于思考，慢慢地，独立思考就会成为他的习惯。

2. 孩子自己的问题要由他自己解决

现在的孩子都是家里的宝，被一家子人宠着，父母长辈哪里舍得让他自己去做什么事情！实际上，这种做法正是孩子丧失独立思考能力的罪魁祸首。

这是很简单的道理，孩子不去实践，他就不会对问题有切身的体会，也就不会想到问题是什么和怎样去解决问题。

我们事事帮着孩子去做，孩子就会对我们形成依赖，在他遇到问题时，头脑中首先想到的不是分析问题，而是这个问题怎么办啊，要是妈妈在就好了。

所以，我们要让孩子独立解决一些问题，让他开动脑筋，自己去想办法，我们不要担心他做得不好，不断的失败和尝试正是培养他独立思考的好方式。而且，事情越困难，越能提高他思考的能力。这样，在他找到自己解决问题的方法之后，他就会习惯于自己独立做事，独立思考的习惯也就养成了。

3. 善于向孩子提出一些问题

很多妈妈都喜欢在临睡前给孩子讲故事，这样可以丰富孩子的见识，还可以哄他入睡。随着孩子不断长大，我们可以利用这段时间与孩子做另一件事情，那就是听他讲这一天都学到了什么。

我们可以听孩子说，也可以不断向他问一些问题。比如，我们可以问孩子：今天英语学什么单词了，学什么句型了，数学讲到哪儿了，语文讲到哪篇课文了，课文里的主人公是个什么样的人……这样一来，孩子就会对一天所学的知识做一个回顾，使他对知识的记忆更牢固。更重要的是，通过这个过程，孩子会有意识地回忆、联系所学的知识，再加上我们问的一些小问题，更能有目的地引导孩子去思考，久而久之，即使我们不再问孩子这些问题了，他也会用这种方式去思考，这样，独立思考的习惯就养成了。

4. 引导孩子换个角度去思考

孩子在遇到一些不合他心意的事情时，往往会表现得非常情绪化，而且越是不符合他的想法他就会表现得越固执。这时，我们就要引导孩子从不同的角度思考问题，提高他看问题的水平。

孩子由于思维能力有限，有时会产生许多不良的想法，比如钻牛角尖、偏激、胡思乱想等，这些想法不能称作“独立思考”，而且对孩子的健康成长也极为不利。孩子经常有这些想法，就会影响到他独立思考的能力。所以，我们一定要引导孩子从另外的角度思考问题，从而提高孩子的思维水平，使他养成正确的思考习惯。

别让孩子把考试当成负担

妈妈箴言

不少孩子害怕考试，更害怕分数出来的那一刻，因为如果考不好，作为妈妈很可能就会唠叨个没完，也许还会火冒三丈，说一些伤害孩子的话，甚至打骂孩子，给孩子报更多的辅导班。这样不仅使孩子的身体受到惩罚，心灵也受到伤害。试想，这样的孩子如何对学习产生兴趣，如何主动去学习。孩子把考试当成一种负担，容易陷入“考不好—受伤害—厌学习—怕考试—考不好”的恶性循环。

成长故事

菲菲是个聪明的小女孩，在课堂上的表现总是很出彩，老师们都很喜欢她。但有一件事，不仅菲菲自己苦恼，菲菲妈妈为此也伤透了脑筋。

菲菲最大的问题就是太把考试当回事了，一到考试就紧张得手心冒汗，高度紧张，平常很简单的题，由于紧张，大脑一片空白，成绩出来往往并不理想。

好妈妈如是说

其实，许多孩子考试成绩不理想，不是因为他们知识掌握得不够牢固，而是因为他们把考试成绩看得过于重要，从而产生焦虑、紧张、担心等心理状态，以至于在考场不能正常发挥自己原本的水平。本来会做的题目做错了，本来记得很熟的公式却怎么也想不起来，本来耳熟能详的课文脑子突然一片空白，本来稍经思考就能答上来的题目没有答出，最终导致发挥失常，成绩不理想。

还有的孩子在考试前就表现出这样或那样的不适状态，尤其是大型考试，常会表现出如食欲不振、不想参加考试等，有的孩子甚至真的会大病一场。这同样是因为太把考试当成一回事所致。

面对孩子的这些状况，妈妈能做的，就是引导孩子正确认识考试，同时让孩子明白，在成长与成绩之间，妈妈更看重成长，引导孩子从考试这个负担中走出来。这样，孩子反而能从容上阵，正常甚至超常发挥，取得更好的成绩，从而轻松学习，最终爱上学习。

1. 引导孩子正确认识考试

有些孩子害怕考试，是因为担心自己的成绩不理想。所以，作为妈妈，首先要教孩子正确认识考试与成绩。考试是检验学习效果的一种工具，不是学习的目的，成绩是一个阶段学习成果的反映，不是衡量“聪明”与“笨”的标尺。考试可以检测孩子知识掌握的程度，哪些掌握得好，哪些掌握得不好，以便查漏补缺；还可以使孩子主动认识、评估自己的学业，分析考试中出现的问题，找出解决办法，避免下次出现同样的错误。成绩只能说明短时期内知识所掌握的状况，不能代表以后的发展，所以考好了要总结经验继续努力，没有考好也要以平和的心态面对，因为一次考试成绩的好坏说明不了什么。

接下来，作为妈妈还要帮助孩子形成良好的应试心态。有些孩子一到考试前就紧张得不得了，其实这是大多数人的一种正常心理反应。作为妈妈，你可以回忆一下自己考试的经历，你肯定也是紧张的。所以，妈妈要告诉孩子，紧张是大多数人考前都有的一种状态，不必担心，只要坐到考场，就像平时做作业一样做题，心情就能平静下来。

考试只是一种检测手段，检测一下孩子学得怎么样，知识掌握得是否牢固，所以引导孩子就像平时做作业一样完成卷子，不要有过多的压力，孩子慢慢就不会再紧张了。

另外，指导孩子做好考前准备，也能帮助孩子轻松面对考试。比如，考前引导孩子认真复习，充分准备，“不打无准备之仗”，保证以一种自信的态度去迎接考试。可以从孩子的实际出发，和孩子一起确定适当的期望值，过高的期望值会导致较强的心理压力，过低又不能激发动力。引导孩子正确认识考试及成败的意义，告诉孩子只要尽力就好，使孩子放下沉重的思想包袱，专注于学习本身。这样既可以提高学习效率，也可以缓解孩子考试焦虑的情绪。

总之，只要妈妈合理引导，让孩子既不过分看重考试，又不轻率地应付考试，把考试当成学习过程中的一种复习、一种检查，并通过考试更好地了解自己、把握自己，把今天的考试当成明天努力和前进的起点与动力，孩子就能积极地、轻松地、从容地面对考试。

2. 让孩子知道快乐成长比成绩更重要

对于孩子来说，成人比成功重要，成长比成绩重要，经历比名次重要。家庭教育的核心首先应该是让孩子健康快乐地成长，然后才是成绩、成才、成功。孩子少年时期健全人格的培养正是他们在未来的竞争中立于不败之地的有力保证。只重视孩子的学习成绩，却忽视孩子成长过程中健全人格的培养，是一种本末倒置的行为，对孩子未来的发展是极其不利的。

因此，作为妈妈首先要从思想上认识到孩子的成长比成绩更重要，然后把这个观念付诸到日常生活的行动中，让孩子能很明确地感受到你的关心：

（1）孩子每天放学回家，让他听到的第一句话不是“今天考得怎么样”或“赶紧去写作业”，而是“你看起来很愉快，有什么高兴的事，说来听听”“你今天过得快乐吗”或“学校有什么有趣事情，讲给我听”，这样能使孩子感受到妈妈的关爱，孩子紧绷了一天的神经就会放松下来，也便于他完成当天的家庭作业。

（2）面对孩子的考试成绩，注意约束自己的言行。考得好，当然要给予孩子鼓励。考得不理想，也不要急躁，控制自己的情绪，允许孩子说出自己的理由，了解孩子内心的真实感受，帮助孩子找到失利的原因，告诉孩子妈妈相信他下一次一定能改掉粗心大意的毛病。事实上，孩子没考好，自己心里也很内疚，如果妈妈再打骂，很容易引起孩子的逆反心理，使孩子更加讨厌学习、害怕考试。如果妈妈用温和的态度对待孩子，反而能激发孩子努力学习的欲望。

（3）周末、节假日一定要带孩子走出家门，外出游玩。许多孩子的周末被各种各样的培训班塞得满满的，节假日也要关在家里完成老师和妈妈布置的作业，这会给孩子的心理带来很大负担。带孩子出去游玩，孩子就会知道，自己除了学习，还是有时间和机会放松的，同时也能感受到妈妈不只关心自己的学习与成绩，同样关心自己是否快乐、是否健康成长。这样，孩子学习时能安心学习，玩也能玩得痛快。

帮孩子制订科学的学习计划

妈妈箴言

虽然很多孩子每天花费在学习上的时间不少，可学习成绩却没有什么起色。如果孩子在学习的时候，没有一个科学的学习计划，很容易就变得不思进取、安于现状，甚至还会对学习抱着“做一天和尚，撞一天钟”的心态。

成长故事

志泽的成绩中等偏上，他想要考入重点高中还是有困难的。不过，他学习很努力，尤其是进入初三后，他更是起早贪黑，每晚学习到12点才睡觉，早上不到5点就起床背书。尽管如此努力，但是几次的模拟考下来，他的成绩还是没有提升，有的科目反而还下降了很多。

看着焦急的志泽，妈妈细心地观察了他几天。发现志泽学习的随意性太大了。很多时候，他做几道数学题就放下笔，走到窗前背起了英语单词，背得很枯燥了，就会坐下来看会儿物理书……志泽这样看似每天都在不停地学习，其实他对每个学科都只是“蜻蜓点水”而已。

好妈妈如是说

在任何事情之前，都需要先有个可行的计划，才能得到一个好的效果；相反，没有一个可行的计划，那么失败的可能性就会很大。学习也是一样的，孩子随意地学习东西，很难有收效。因此，家长要及时地帮助孩子制订一份科学的学习计划，使孩子学得轻松，这样才能让孩子对学习一直都有积极性和进取心。

科学的学习计划包括生活计划和学习计划，涵盖了孩子在生活和学习时间上的科学安排。那么，作为妈妈，怎样才可以帮助孩子制订科学的学习计划呢？

1. 要对孩子进行实际分析

一份可行的学习计划是建立在了解孩子的学习量和学习情况的基础上进行的，所以家长在帮助孩子制订学习计划的时候，应该花上一段时间，检查孩子作业完成的情况、观察孩子测试题解答时的情况，或者是和孩子的每位任课老师多多交流，从而掌握孩子的学习情况。其中包括：孩子学习的掌握程度怎样？孩子的强项和弱项分别是什么？孩子一般做作业大概需要多长时间？孩子早上和晚上的学习效率如何等。

2. 帮助孩子确定学习目标

在给孩子制定学习目标的时候，应该从长期目标和短期目标入手。制定的长期目标可以时间长一点儿，对孩子的要求高一点儿。比如，在一年左右或者是一个学期内，每门功课达到一个怎样的水平。而针对短期目标，家长则可以给孩子制定得相对具体一点，比如，每天记住三个单词、晚上有一小时的时间扩充自己的课外知识等。

3. 经常检查时间的利用率

制订了计划，还要切实执行。让孩子每天想一想，在过去一天的学习中，完成了什么任务？花了多少时间？时间利用率如何？效果怎么样？应该怎样进一步改进？制订好计划后，抓时间、讲效率的一种方法就是用自查评分来促进和调整自学过程，使自学的时间利用率不断地得到提高。

妈妈们需要注意，孩子的学习计划应该是从简单到复杂的，而且学习计划也要有灵活性，重要的是要根据孩子的特点，合理地安排时间。

第八章

看失败：给孩子一个不抓狂的人生

失败是一件很平常的事，也是一件很可恨的事，它往往让人焦虑、狂躁。而孩子的自控力本来就差，如何平静地面对失败，更是一件困难的事。宝妈们想让孩子面对失败不抓狂，主要在于心态的好坏。

帮助孩子坚强地面对挫折

妈妈箴言

每一个人都将经历挫折和失败，孩子也不可例外。有的孩子可能会就此丧失前进动力，变得胆小和脆弱；但有的孩子，则会凭借这种体验，用坚强的意志来克服困难，进而达到成功。现在很多孩子都属于前者，而身为家长的你，就必须帮助孩子坚强面对挫折和失败。只有这样，他才会如同搏击长空的苍鹰一般，任意翱翔。

成长故事

17 岁的刘璐是一个性格内向、争强好胜的女孩，学习成绩一直很优秀，因此很得老师的喜欢。

在高二时期，刘璐却遭遇了成绩“滑铁卢”，尤其是期末考试中 58 分的数学成绩，更是像一盏高瓦数的“红灯”亮在了刘璐面前。这使身为校学生会副主席的她伤心流泪，怨恨自己。面对来自同学、家庭的无形压力，刘璐的心理实在难以承受那份耻辱，感到无脸见人，甚至想辞去职务，离家出走。

就在这时，细心的妈妈了解到了她的情绪变化，于是急忙找女儿谈心。妈妈说：“人生道路上并非都是鲜花美酒，也会有荆棘；天空并非每日都是晴空万里，也有阴云。你应该有这样的心理准备。只要你能坦然面对现实，认真总结教训，那么，成功就会离你不远。”

妈妈的一席话，惊醒了刘璐。自此之后，她一改萎靡消沉状态，重扬自信风帆，很快重新回归到“强者”的队伍，成绩跃居年级前三。临近毕业的时候，刘璐的各门学科总分名列全校第一，最终考入复旦大学英语系。

好妈妈如是说

实际上，挫折有时候未必是坏事。对强者而言，挫折和失败能使之积极总结教训，反思自己的认知过程，找出不足，采取补救措施，使自己的行动渐趋合理。

想让你的孩子成为强者吗？那么就让他经受挫折的磨砺。现在很多孩子在遇到困难和挫折时，往往消极面对，要么产生畏难情绪，逃避困难；要么一味埋怨自己太笨，能力太差，不能正确对待自己。这样一来，就很容易形成恶性循环，以至于越自卑越失败，越失败越自卑。

孩子这么做，是因为年纪过小、抗击打能力弱的缘故。那么，作为妈妈的你，就必须伸出援助之手了。一方面，我们要让孩子多记住自己已经获得的成功，使之变成新的目标和成功的动力；同时，也要帮助孩子认真吸取失败的教训，避免重蹈覆辙。不管什么手段，我们的目的就是让孩子敢于直视挫折，让挫折成为前进路上的垫脚石，而不是绊脚石。

对于此，我们给宝妈们的建议是如下。

1. 要多肯定和鼓励孩子

当孩子遭遇挫折，精神上往往会十分脆弱，此时如果妈妈不及时进行安慰，反而变本加厉地责备他，就会让他感觉孤独无助，被家人抛弃，进而自暴自弃，甚至出现轻生的极端想法。而如果妈妈能适时给他一句关心和鼓励的话，就会让他顿时感到温暖，得到慰藉，从而重新鼓起勇气，积极去思考解决问题的办法。

作为妈妈，一定要避免任何消极和否定的评价，无论孩子遭遇到什么事情，只要他还心存希望，就要鼓励他勇敢去尝试，多给他一些正面评价，比如“尽管你没有成功，但你已经很努力了，我相信只要再加把劲，你一定能找到更好的方法”或“有勇气试试就很好了，虽然还不够好，但我仍然要表扬你”。

当孩子意识到自己的努力会受到肯定和赞扬，就不会害怕失败，慢慢地就会承受和应付种种困难和挫折。

2. 培养孩子正确对待挫折的态度

著名心理学家马斯洛曾说：“挫折并不全是坏事，关键在于对待挫折的态度。”实际上，同样的挫折，在不同孩子身上，会有不同的影响。

有的会产生消极影响，甚至心理障碍，而有的则可以磨炼意志，使他奋发向上。

在孩子最初的成长过程中，对周围人和事物的态度往往并不稳定，很容易受到情绪的影响，遇到困难和失败，也往往会感到消极，找不到正确的面对方式，此时，妈妈应该及时引导孩子，告诉他：“失败不可怕，只要勇敢面对，一定能做得很好。”或引导他从失败中得到教训和启发，并重新振作，大胆自信地再次尝试。同时让他明白，任何人都有可能遇到困难和挫折，只要勇敢面对，就能得到克服。

3. 为孩子提供锻炼机会

早在很多年前，一些发达国家已经开始对孩子进行抗挫折能力的培养。他们首先锻炼孩子对大自然的适应能力，比如很多国家的妈妈都会让孩子自己提自己的东西，不会予以帮忙；跌倒了让他自己爬起来等。这些举措，值得我们中国妈妈学习。其实在日常生活和孩子的成长过程中，有很多的困难机会都能让孩子得到锻炼，比如自己的玩具自己去拿，衣服自己穿，自己的房间自己收拾，自己的衣服自己洗，自己独立上学等。

4. 为孩子树立良好的榜样

作为孩子的第一任老师，妈妈的一言一行对孩子的成长有着潜移默化的影响。家长对人、对物、对事的态度和行为，也会成为孩子学习的榜样，因此，在培养孩子抗挫折能力的过程中，妈妈一定要以身作则，树立正确的榜样。

在遇到困难和挫折的时候，妈妈一定不要表现得惶恐或畏惧，而是要让孩子看到自己面对困难时的积极乐观的态度，用信心和勇气来感染孩子，让他注意到自己是以自信的态度来对待挫折的，这将对他正确面对挫折有着很好的示范作用。

著名音乐家贝多芬说过这样一句话："我要扼住命运的喉咙，它休想使我屈服！"每个人的人生都不可能一帆风顺，挫折是在所难免的。要让孩子明白这一点，他才可以用积极的心态面对挫折，用积极的行动渡过难关！

教孩子正确面对所谓的"输赢"

妈妈箴言

对于每个人来说，"胜不骄、败不馁"是非常重要的心态。然而，只要稍稍留意我们的周围就会发现，孩子们对待输赢的心态各不相同，有的孩子凡事都要拼个输赢，而有的孩子却觉得输赢都无所谓；有的孩子输不起，而有的孩子却习惯了输。

成长故事

最近，7岁的可欣喜欢上了五子棋，经常叫妈妈和她一起下五子棋。妈妈知道，如果故意让着她，虽然会增强她的自信心，但是也会助长她的傲慢；如果她经常输，可能会摧毁她的自信心，使她变得气馁，没有斗志。

于是，妈妈想了一个好办法。妈妈定下了这样一个规则：赢了的能得两朵小红花，输了的能得一朵小红花。

当可欣获胜时，她会为自己感到高兴；当妈妈获胜时，她并不嫉妒，而是为妈妈喝彩；她并不气馁，而是用心下好每一盘棋。不知不觉中，可欣形成了面对输赢的良好心态。

一朵小红花，带给可欣的是无穷的动力。可欣的妈妈用最简单的方法把“输”和“赢”放在了同一个起跑线上，让可欣感受的不是骄傲和气馁，而是继续前进、走向胜利的平常心。

好妈妈如是说

作为妈妈，我们要传递给孩子对待输赢的正确态度，使他既能赢得起，又能输得起，从而用正确的心态去面对人生的输与赢。

1. 帮助孩子树立正确的胜负观

平日里，我们要传递给孩子这样的思想：无论做什么，总会有输有赢，只要尽力就好；既能赢得起，又能输得起；不能为了赢而不择手段，而是全凭自己的本事；输赢乃兵家常事，只要认真分析“输”的原因，就有机会“赢”；今天的“输”就是在为明天的“赢”作准备。慢慢地，孩子在脑海中就会形成正确的输赢观。

2. 让孩子在游戏中掌握输赢的真谛

要想让孩子在实际操作中掌握输赢的真谛，游戏是最好的方式之一。

我们可以经常与孩子一起玩游戏，既不能让他总赢，也不能让他总输，而是让他在输与赢中收获真实的体验。

另外，对于不同特性的孩子，我们也要使用不同的方式。比如，对于输不起的孩子，我们可以创造条件让他与同龄孩子一起玩游戏，如果他因为输而耍赖，同伴就不会和他玩了，这将有助于改掉他输不起的毛病。

只要我们用心思考，总能找到针对自家孩子特性的方法，从而培养他正确面对输赢的积极心态。

扫除笼罩孩子的“悲观”阴霾

妈妈箴言

乐观向上的性格是我们应对人生中困境、不幸、痛苦和失败的最有力的武器。孩子亦是如此，唯有乐观，他们才能精神愉快地投入到学习、工作和生活中。

然而在生活中，一些父母却会发现，自己的孩子总会陷入乐观的相反面——悲观。遇到问题时，他们总是想到最糟糕的一面，从而得出否定结论。为此，家长们想不通，为什么这么小的孩子竟然有如此多的悲观情绪？

成长故事

9岁的李策一向胆子很小，课堂上从不敢举手发言，在校园里见到老师，也是能躲就躲，不敢和老师讲话。

周末的一天，家里养着的小兔子死了，李策竟然大哭了一场。妈妈以为他是喜欢小兔才这样的，就赶忙安慰他："妈妈会再给你买一只的！"

可是，李策却说："买来新的兔子还死掉怎么办？以前，我养的小鱼也总是活不了多久，我养的花动不动就变蔫……这到底是为什么啊，难道我就不该养这些东西吗？"

听到李策这么说，妈妈一时竟乱了手脚，不知如何应答。

好妈妈如是说

不难看出，李策小小年纪却已有了很重的悲观情绪。如果换作一个乐观的孩子，发现小兔死后也会难过，但是他会鼓起勇气再养一只，甚至两只、三只，而不是像李策这样想起一连串的"失败"。

其实，孩子之所以形成悲观的性格，主要还是因为后天环境的影响造成的，比如一些负面的生活经验——学习成绩差、父母离异、缺少朋友……这些都会让孩子变得杞人忧天，遇到事情就会往坏处想。

没有一个妈妈愿意看到孩子被悲观情绪所笼罩。悲观只会让孩子愁苦哀伤，只会让他不敢迎接人生的挑战，变得畏首畏尾。甚至，它还是孩子健康的最大威胁。著名教育学家塞利曼经过多次研究发现，今天的孩子与20世纪头30年的孩子相比，患忧郁症的危险要高出10倍。更可怕的是，患严重忧郁症的年龄提前了。他对3000多位9 ~ 14岁的儿童做过调查，发现有9%的孩子已经发展到忧郁症的后期。

明白了悲观对孩子的危害，我们就要积极帮助孩子摆脱负面情绪。我们应该怎么办呢？在此，我们一起看看儿童心理专家给出的良方吧！

1. 帮助孩子塑造乐观性格

不管是妈妈还是孩子，也不管面临的是一种什么状况，都不要破罐子破摔，而应该坚信"性格是可以重塑的"这样一个道理，从而确立起建立乐观向上性格的信心。

2. 帮助孩子做出正确的自我认识和分析

从很小的时候开始，孩子的自我意识就开始萌芽。之后随着年龄的增长，孩子的自我意识越来越强，自我分析能力也就随之产生。尽管如此，孩子毕竟还处于思想发育阶段，自我分析能力也相对较弱，很多时候不能获得正确的结论。当取得了一定的成绩，就会沾沾自喜；当遇到鸡毛蒜皮般的困难，又会垂头丧气。前者，容易使孩子产生高傲的性格；后者又会让孩子养成悲观的性格。所以，作为妈妈，有必要协助孩子正确而充分地认识自己。

3. 一定要重视与保护孩子的自尊

自尊心人人都有，孩子也不例外。妈妈若是多赞许、少责备，将有助于提高孩子的自尊心。一般来讲，那些有着高度自尊心的孩子，对自己所从事的活动充满信心；那些缺乏自尊心的孩子，总是认为没人喜欢自己，而不愿参加集体活动。

要想保护孩子的自尊心，妈妈切忌讽刺挖苦孩子，不去用他人所长比自己孩子所短，而是应该更多地看到自己孩子的长处，并进行强化。这样才有助于保护孩子的自尊心，进而帮助孩子坚定自己的自信心。

4. 避免孩子的不良情绪

孩子很多时候都和妈妈生活在一起，而各位宝妈们也是他们最为信任的对象。所以，妈妈要善于观察孩子不良情绪的苗头，一经发现，就要引导孩子克服坏情绪，回到乐观开朗的状态中来。比如，当发现孩子不爱说话，也不爱笑，妈妈可以朋友的身份和孩子交流，让孩子尽量诉说，不要让他的委屈长期积压在心头。另外，妈妈还可以回避孩子敏感、忌讳的话题，或者转移孩子的思路，减轻心理负担。

妈妈们始终需要铭记：自己对待孩子的态度，往往是孩子乐观性格形成的重要因素。所以，在陪伴孩子成长的生活中，妈妈要尽量多给孩子一些爱。当然，这种爱不是满足他的物质需求，而是让孩子从精神上获得慰藉和满足。因为这些才是孩子获得安全感和信任感的源泉。妈妈可在平日里多拥抱孩子、抚摸孩子，经常对孩子说自己为有他这样的孩子而感到骄傲，看到他的进步让自己很开心等。这会让孩子感受到来自妈妈浓浓的爱意，让他们感觉到很有安全感，孩子就会沉浸在幸福中快乐无忧地成长。

努力培养孩子的自信心

妈妈箴言

每个人都有自己的缺点和弱点，当然孩子也不是十全十美的，孩子不可能所做的每件事都符合妈妈的心意。可能成绩没有原来那么好，反应不快，功课跟不上，这个时候，妈妈一定要和孩子认真沟通，找出孩子出现这些问题的根源，而不是一味地责备孩子，甚至对孩子说："你真笨！"

成长故事

美国有一个小孩叫温迪，小时候因为一场大病而导致智力发育不完全。但是他的妈妈却发现他有极强的音乐悟性。他虽然不认识乐谱，不懂乐理，也没有系统学过音乐，但他拥有极好的音乐悟性，能在音乐中激动、兴奋、陶醉。

他的妈妈并没有放弃他，也从不认为温迪是一个"笨小孩"，而是一直在旁边鼓励他，最终使他成为了一名钢琴演奏家。

好妈妈如是说

有的时候不当的话语会使孩子损伤自信心。孩子吃饭时，可能会把饭一不小心给洒了，每遇到这种情况，有些急躁的妈妈会说：“你看你，怎么搞的？真笨……”有些注重教育的家长会对孩子说：“你会做好的，你并不笨，我们都很喜欢你，你是个好孩子。”说这些话是出于对孩子的爱，但对孩子说这些话，是最糟糕的办法，这些话对孩子起不了一点儿好的作用。他们意识到自己真笨，自己做错了事。

有很多著名的事例证明了“笨小孩”也可以干出惊天动地的事业来。科学家爱因斯坦奠定了相对论的伟大基石，然而他在上小学时却是一个“笨小孩”。如果在这位科学家的儿童时代，教师和家长总是一味地批评“你真笨”，试想，一个被扼杀了自信心的孩子，他还能迈开成长的步伐吗？

家长在对孩子的教育中，语言显得很重要。事实上，我们现代的家长很多都认识不到这一点。他们还是会因为孩子做错一点小事，就对他们进行责骂。

在电梯里，一位母亲愤愤地对儿子说：“你看人家，考了那么多分，你呢？不及格，你怎么就那么笨呢！”儿子低着头，小声顶嘴道：“我就是笨，我笨当然不及格了。”“你说什么？你这个不争气的东西！”母亲提高了声音，显然儿子的回答惹怒了她。

这样的故事经常发生在我们身边，显然家长是因为孩子的学习不太理想，心急如焚。孩子学习不好，家长着急是很正常的，无可厚非，但是批评孩子“笨”的教育方式极易导致孩子的自卑和自暴自弃，从而成为一个真正“不及格”的社会人。

自信是人生成功的起点，是人生前进的动力。一个孩子只有有了自信，他的生活世界才是一片五彩缤纷的。因此，家长在批评孩子的时候，要多思量，要得当，不要让孩子的自信心悄悄溜走。

那么面对孩子的失误，妈妈应该怎么做呢?

1. 帮助孩子重新把事情做好

比如：可以设置一些可以实现的目标给孩子去做，当他成功做到时，不要一股脑地给他许多赞美，或者告诉他，他有多么的能干。相反应该对他说："你现在这样做就对了，我想你现在一定觉得很高兴，看起来多做一些努力，还是有效果的。"

2. 给孩子一个进步的理由

孩子学习不好，我们首先应归因于孩子的不够努力、学习方法不恰当等不稳定内因。在不打击孩子自信心的前提下，引导孩子端正学习态度、掌握正确的学习方法，热爱学习，这样才能逐渐引导孩子步入"好好学习，天天向上"的良好状态中。当孩子学习成绩提高后，成功的喜悦自然会更加激励他，从而进入到良性的发展轨道。

3. 纠正孩子"我很笨"的想法

如果孩子自己说："我总是不及格，我真笨。"妈妈应立即更正，郑重地对孩子说："你这次考试没有及格，不是因为你笨，而是努力不够或者学习方法不太对。"孩子正处在成长阶段，身心发育都不成熟，如果孩子在小时候就把自己定为一个失败的人、一个没有能力的人，那么，他的一生都会笼罩在这样的自我意识中，自暴自弃，最终成为一个不及格的人。

妈妈要看到自己孩子身上的闪光点，即使别人都认为自己孩子笨也不要放弃。因为自己的孩子在自己的眼中永远是最聪明的。只有妈妈相信自己的孩子，孩子才能更加自信。

告诉孩子，过程与结果一样重要

妈妈箴言

现在的孩子，做事往往只重视结果，一旦事情没有达到孩子想要的结果，他们就会失望、郁闷，这是不利于他们成长的。其实孩子没留意到自己在过程中学会了很多，家长要让孩子注意到这一点，培养孩子乐观积极的心态，告诉他们“过程与结果一样重要”。

成长故事

哈利放学回家后，就一声不吭地把自己锁在屋里，妈妈看到他这样便一脸关切地询问发生了什么事。哈利一边哭一边委屈地跟妈妈说：“我这次考试还是没有考好。可是我真的努力了，我每天都认真地听老师讲课，有不懂的问题就问老师，课后也认真完成作业和习题。”

当然，哈利这段时间的努力，妈妈也是看在眼里的。妈妈耐心地告诉哈利说：“孩子，结果并不是那么重要，重要的是你努力的过程。就拿你最爱的化学课来说，如果结果比过程重要，那么化学老师只需要告诉我们一个方程式的反应物、生成物与反应条件就行了，又何必费心地在课堂上做演示实验之后，还要学生自己亲手做一遍呢？这就是过程的重要性，它和结果是等同的，不要总是忽略它本身的作用。”

妈妈接着说：“妈妈相信你，只要你继续努力，肯定会有好的成绩的。”听了妈妈的话，哈利点点头，继续认真地学习。果然，经过哈利的努力，他在第二次考试中取得了非常优异的成绩。

好妈妈如是说

哈佛的一位教育学家曾经说过：“成功在于做而不在于得，在于尝试而不在于胜利。所以，淡定得失，心平气和地付出、坚持不懈地努力、不断地尝试是必不可少的。”

在人生的道路上，每一个人都希望成功，可是成功到底是什么呢？每一个人都有自己的理解、想法和看法。

成功就是不断地朝着自己的目标逐步靠近，并时刻提醒自己目标是什么。达到自己的目的就是成功，不论高低。对渔翁来说，每天能钓到鱼就是成功，对猎人来说，每天可以捕捉到猎物就是成功，对学生来说，每天上课能获取新的知识就是成功，对商人来说，每天能做成生意赚到钱就是成功。

这些看起来就是成功，其实不然。真正的成功应该是行走在成功的路上。

我们都希望孩子成功，可是未必就能都成功，很简单地说，渔翁不一定每天都能钓到鱼，猎人不一定每天都可以捕捉到猎物，学生上课同样也不一定就可以获得新的知识，商人也未必每天都可以赚到钱，甚至还有亏本的时候。

既然如此，难道就没有成功了吗？其实也不然，孩子不都是在学习的路上奔走吗？

真正的成功，并不只是那个成功的辉煌结果，而是生活赋予成功的经验，用之于孩子学习也是一样的，孩子学习的过程远重要于考试的结果，所以，各位妈妈，不要让孩子只拘泥于成功的结果，而要享受成功过程的喜悦。

成功是在于做，而不在于得，生命并没有要求我们永远出人头地，而是要求我们在每个成长阶段里，竭尽全力奉献自己。

1. 成绩并不是最重要的，重要的是要看到孩子的闪光点

成绩并不能代表一切，只能说明某一方面。我们要培养的并不是考试机器，而是心智健全、善良美好的人。而当孩子的心理承受力还很脆弱的时候，对于他身上优点、长处的发现和肯定，对他该是多么重要。

2. 一定要给孩子传达健康成长的观念

把一种健康的观念传达给我们的孩子，使他们健康快乐地成长，成为一个真正对社会有用的人。肯定他好的地方，他只会越来越好，而不会越来越坏。尤其对那些长期被单一的成绩标准压得喘不过气来的孩子，这种肯定将会对他的一生都产生影响，他会获得自信，他对自身和他人的判断也会变得丰富、全面。

3. 要学会表扬孩子

建议妈妈在表扬孩子的时候，应该更注重努力而非能力。在表扬孩子时，可以用“孩子，你的努力没有白费”来替换掉长久以来的“孩子，你真棒、真聪明”。

哈佛的一位心理学教授曾经说过，虽然表扬聪明能够让孩子感觉很好，但也促使他们害怕失败，避免挑战。而且这种夸奖似乎也在暗示他们无须努力即可成功，让他们失去了努力的动力，一旦他们失败，便意味着自己不再“聪明”，动力被摧毁，孩子将会迷茫崩溃。而肯定孩子的努力，他会觉得不是自己不行，而是努力不够，这样对学习的渴望就会超过对失败的害怕。

也许你的孩子将来是所谓的“社会精英”，那又有什么关系，社会就是由不同特点的人组成的，每个人都有自己的一方天地，孩子会开拓他自己的世界。一个人若有快乐安静的人生，就不能说他的人生是不富足的。而一个长期被认为一无是处的孩子，他的内心在受到粗暴践踏的同时，会产生怎样的扭曲，滋长怎样危险的心理，那才是真正值得忧虑的。

教孩子接受不可改变的事实

妈妈箴言

每个人所经历的事情不可能都是尽如人意的，总有一些事在我们看来是不好的，但“木已成舟”“生米已经做成熟饭”，这些事情已经定格了，成为了不可改变的事实，即便我们再如何不喜欢，也无济于事。

有的孩子对于那些不可改变的事实总是无法接受，他不能坦然面对，或者无法迈过那道坎儿，他的内心总是因此而纠结不已。如果孩子纠结在这样的事情上无法自拔甚至因此变得悲观失望，那么他的生活势必不会快乐。

成长故事

雨苑天生就个子高，刚上小学五年级，她就已经比同龄人高出一头还多，甚至比同班的男生还要高。雨苑觉得自己就是异类，而班上也有人给她起了外号，叫她“电线杆”。

雨苑因此总是对妈妈抱怨，妈妈却说：“你爸爸就长得高，你妈妈我也不矮，所以你注定身材高挑，这已经是不可改变的事实了。我觉得你与其讨厌身高，还不如接受它。想想看，你的身高有没有为你带来便利呢？”

听了妈妈的话，雨苑虽然不情愿，但头脑中却不自觉地过起了“电影”：她由于个子高被选入了学校篮球队；由于个子高，班上个子矮的同学有时候会找她帮忙擦高处的黑板……随着回忆，雨苑的眉头展开了，她发现高个子也并不是什么坏事。

好妈妈如是说

有些事，再怎么讨厌，再怎么不喜欢，可事实就是事实，人力无法改变，只有接受才能让人变得坦然。所以，我们要告诉孩子，无论那件事在他看来怎样，既成的事实就不要再过多计较了，他不应该总是回头看，而是要转回头来，将目光放在前方。

1. 让孩子先要接纳自己

如前面的雨苑一样，很多孩子太在意自己的与众不同，总是自我感觉“不良好”，有的孩子还讨厌自己。想想看，一个人连自己都无法接纳，又怎么能接纳其他的事实呢？

我们要告诉孩子“人无完人”，无论怎样的自己都是他自己，这是不可改变的事实。他只有坦然接纳了自己，才有可能抛开这些无聊的烦恼专心去做其他的事。

我们可以找一些与“认同自己”有关的书籍给孩子看，或者给他讲讲身残志坚的人的故事，给他讲讲那些虽然平凡但经过奋斗最终超越自己的人的故事，让他明白只有接纳自己、不言放弃，他的生活才会更有奔头，他也才会更快乐。

2. 教孩子接纳事实的不可变性

孩子喜欢幻想，他希望事情并不是现实发生的那样。但我们却应该让孩子认识到事实的不可变性。我们可以让孩子亲眼看到某些事情的发生过程，或者引导他去了解事情的最终结果，由此来让孩子知道时间是不能倒流的，事情已经发生，是不能改变的。

有时候，有些事是孩子自己的失误造成的，这样的事情是让他认识

“事实不可变性”的最好机会。此时我们就要提醒他回想做这件事的过程，并直面自己犯下的错误。让他在接受事实的同时，更要及时总结教训，以避免重演这“不可改变”的事实。

3. 鼓励孩子做好能做的事

虽然事实不可改变，但还未发生的事情却充满了各种变数。所以，我们要提醒孩子，如果不想最终出现自己不愿意看到的结局，倒不如从现在开始努力，做好自己能做的事情。比如他应该好好学习，培养能力，不要考虑太多未来会怎样，而是要专心做好眼前的事。同时，我们也要提醒孩子，有些事并不是他人生的终点，如果能一直尽自己最大的努力去奋斗，那么也许他的未来就会少一些后悔。

教孩子相信“一切皆有可能”

妈妈箴言

一切皆有可能，这是我们耳熟能详的一句广告语。不过，我们不要只将它当成广告语随便听听就算了，而是要发现其中隐含的教育意义。我们要让孩子也相信，一切皆有可能，这样他就会用一种积极的态度去面对自己的未来。

成长故事

“妈妈，我也想写小说。”

某天放学回家，儿子忽然对妈妈这样说道。妈妈说：“好呀！我等着看你的大作。”

得到了妈妈的鼓励，儿子兴奋极了，他开始给妈妈讲起了自己的构思。而随后的几天，每当他写了故事，就来讲给妈妈听。

但几天过后，妈妈发现儿子再也不提写小说的事了。妈妈刚一问，儿子就叹了口气说：“算了，妈妈。我听说那些学识渊博的大作家有的都写好几年，才写一部小说，我才上五年级，什么都不懂，不可能写出来啊！”

妈妈想了想说：“为什么不可能？你现在才上五年级，也就意味着你还能学得更多，你的时间也比那些大作家更富余，我觉得你只要每天都让故事发展一点，总有一天故事会有结尾。来吧，我可是你故事的忠实粉丝，别让我掉进‘坑’里呀！”

听到妈妈用这么具有网络气息的话语给自己打着气，儿子忍不住笑了，妈妈趁机继续给他打气说：“广告上说‘一切皆有可能’，你当然也能！快去写今天的吧，我还等着听故事呢！”

好妈妈如是说

孩子总能看到许多“不可能”，他有时候也会清楚地“认识”到自己的能力。但我们同时也要帮他清醒地“认识”到自己的潜能。一切皆有可能，就看孩子肯不肯愿意为之付出。

我们首先要让孩子明白，他并不总是这么能力弱小。孩子能看清自己的实力，这固然很好，不过我们可以这样告诉他：“你还在学习当中，所以你的能力不会只停留在现在。只要你继续努力学习，你的能力一定会不断提高，将来你就一定会有能力去做好更多的事情。”

当然，这只是一种帮孩子建立美好期望的做法，是为了让孩子能对自己充满信心。在这之后，我们就要鼓励他脚踏实地地去学习，让他付出自己的努力。这时，我们就要多给孩子讲讲“水滴石穿”的故事，让他要能坚持下去，不要放弃努力。

这个过程中，我们可以将孩子过去取得的成绩拿给他看，使他看到自己的确是在进步，而并不是在白费工夫。同时，我们还要鼓励他，只要他能继续以现在这种状态去努力，他就一定会更加接近成功，甚至最终取得成功。

不过，我们需要提醒孩子的是，他不能自信得过了头，虽然一切皆有可能，但这个可能也是建立在实事求是、不断努力的基础上的，他不能太过异想天开，否则不切实际的想法，再加上他自己不奋斗，“可能”也会变成“白日做梦”。

学会对孩子进行希望教育

妈妈箴言

无论是怎样的孩子，我们都要学会对他进行希望教育，这样他才会对自己的未来充满信心，他才有可能认真地去思考自己的明天，并认真地对待自己的未来。

成长故事

天利很羡慕班上学习成绩好的同学，每当看到自己的学习成绩，他就感到很自卑。

有一次，天利很郁闷地对妈妈说：“是不是我比较笨？我觉得我怎么努力都赶不上去。”妈妈却说：“我倒不这么认为，其实我们天利也是个优秀的孩子。"

后来，妈妈陪着天利一起看了一部关于鸟类的纪录片，妈妈说："你看，麻雀的确很灵巧，它能从原地立刻起飞，但麻雀只能飞 10 ~ 20 米高，它的飞行连 4 分钟都坚持不了。可是你再看天鹅，它在起飞前的表现笨笨的，它需要助跑，很长的助跑，然后才能扇动翅膀，飞上蓝天。但天鹅却能飞到 9 千米的高度，它能飞越珠穆朗玛峰。而且，它是候鸟，会长途迁徙。其实你现在就是在助跑啊！我相信虽然现在你的表现比某些同学差了些，可未来也许你会比他们飞得更高哦！"

听了妈妈的话，天利不再郁闷了，他仿佛看到了更多的希望，他决定要好好"助跑"，让自己在未来真的能飞得更高。

好妈妈如是说

"我的孩子就那样子了，我也不指望他什么了……"

"孩子就那么差劲，我再怎么希望有用吗？"

"他什么都做不好，我着急也没用，他自己根本就不急。"

……

很多妈妈将类似的言论称之为"焦虑"，或者也叫"担忧"。的确，这些话语中无不体现了我们对孩子的一种"恨铁不成钢"的心情。但听到我们这样说，有的孩子也许会觉得："连妈妈都对我失去希望了，看来我真的就是一个没有希望的孩子，那我努力还有什么用呢？"一旦孩子产生这样的想法，他的前途就很可能真的会被耽误。

天利的妈妈就是意识到了这一点，所以对孩子进行了希望教育，她让孩子感受到了自己的无限潜能，让孩子也开始对自己抱有一种积极热切的希望。如此一来，孩子未来成功的概率就会大大增加。

我们也要向天利的妈妈学习，无论孩子现在怎样，我们都要用充满希望的眼光去看待他，同时也要引导孩子对自己充满希望。

1. 多角度评价孩子

平时，我们不要总将目光放在孩子做得不好的方面，要学会从多个角度去评价、观察孩子。比如，孩子虽然学习成绩不算好，但他很努力，那么他的努力就值得我们表扬；还比如，孩子虽然运动神经不算发达，但他却充满音乐细胞，那么他的歌声也应该成为我们的骄傲等。

2. 善于寻找发现孩子的优点

我们要善于寻找孩子身上独特的优点，并对孩子充满希望，如此一来，孩子自然也能感受到我们对他们的信心，从而受到鼓舞。

3. 帮孩子“以优带弱”

当我们找到了孩子的优势与弱势之后，就要积极帮助他巩固并拓展他的优势领域，让他将自己做得好的地方做得更好。同时，也要帮他用优势“带动”弱势的改变，鼓励他积极弥补自己的缺点，改正之前的错误，将做得不好的地方努力做好。

4. 教孩子脚踏实地

我们要尊重孩子的实际，不要抱有与孩子实际不相符的希望，要认清他的实力，只要他今天做得比昨天好，只要他能一步一个脚印地取得进步就可以了，这样孩子对自己的未来也会更加有盼头。

第九章

养习惯：让好习惯成为孩子成长的助推器

大教育家叶圣陶先生曾经说过：“教育其实就是培养习惯。”孩童时期，是培养习惯的好时机，这也是家长义不容辞的责任。父母应用科学的教育理念和科学的方法培养孩子的好习惯，让好习惯成为孩子成长的助推器。

好习惯是成功的开始

妈妈箴言

良好的学习习惯有利于激发学生学习的积极性和主动性；有利于形成学习策略，提高学习效率；有利于培养自学能力，提高学生素质，使学生终身受益。而不良的学习习惯则会降低学习效率和学习效果，进而限制孩子一生的发展。

成长故事

小宇今年读小学三年级了，他的成绩在班级里一直都保持在中等偏上的位置。妈妈虽说期待着小宇能够冲进班级前列，但鉴于各方面原因，对儿子目前的成绩排名也还算满意。

小宇的妈妈是工厂的普通职工，每天上班的时间比较长，回到家中也是忙着操持家务。虽然也觉得应该多花点精力辅导儿子学习，但实在是心有余而力不足。对于这一点，妈妈也没太多担心，因为他们认为，孩子学习方面的事情主要还是靠学校老师来管教。

每天下班回来，妈妈会习惯性地问："小宇，今天的作业做完了吗？"当他们得到的答案是"写好了"的时候，便不会再多说什么，就接着去忙活自己的事情了。但他们没注意到的是，每次小宇写作业时，总是打开电视机，习惯性地边写作业边看电视。起初，妈妈会禁止，但小宇的爸爸在小宇做作业时也会偶尔打开电视看看新闻。而且，小宇也说：“写作业的时候，如果旁边开着电视，我会写得快一点。因为想到写完了，就可以好好看电视啦！”

按照这样的节奏，小宇的三年级度过了四分之一。这天，学校的期中测验成绩出来了，小宇考得很不理想，语文和数学都只考了五十几分。这是有史以来的最低分。放学后，小宇怀着忐忑的心情回到家，因为班主任要求他们把试卷带回家让父母签字。等妈妈下班回来后，小宇不安地把试卷递到妈妈面前，望着试卷上那鲜红的数字，妈妈惊呆了。她接连地问：“怎么才考这点分？你不是每天都按时完成作业了吗？”

小宇耷拉着脑袋，用手指了指试卷下方老师的评语：“三年级是转折期，对学习方法和学习习惯有新的要求，还请家长能正确引导孩子，帮助他养成良好的学习习惯，运用适宜的学习方法……”

看到儿子第一次考试不及格，再细想老师留的这一段评语，小宇的妈妈陷入了深思。她决定要尽快去学校一趟，跟班主任进行交流。更重要的是，要请教一下老师，如何督促孩子养成良好的学习习惯。

好妈妈如是说

不少妈妈认为自己的主要任务就是满足孩子吃、穿等物质需要，而教书育人则是学校和老师的职责。因此，不少家长把孩子送到学校后，几乎就撒手不管了。他们把教育孩子的责任全都推给了学校和老师。当然，有的家长因为自身知识素养有限，或忙于生计，对孩子的教育呈现出心有余而力不足的状态，无法或无力承担家庭的教育责任，所以把希望完全寄托于学校和教师。

此外，对于一些父母而言，他们还有一种固定的思维。那就是，读书学习是孩子自己的事情，作为家长，我不能代替他们写作业，更不能代替他们去考试。因此，他们只要求孩子要听老师的话，上课要听讲，下课完成好老师布置的作业，考好每一次试。他们更多关注的是孩子学习的结果，而对学习过程以及在这过程中家长应该起到的监督引导作用却没有给予足够的关注。

学校和教师并不是教育的唯一主体，家庭教育是孩子成长过程中不可或缺的重要组成部分。如果孩子在家里没有接受良好的家庭教育，没有形成良好的生活习惯和学习习惯，那么，将来也很难适应正规的学校学习生活。即使在学校，孩子养成了好的学习习惯，但如果没有家长的教育与监督，孩子也未必能把好的习惯坚持下来。孩子毕竟是孩子，他们的自制力和自我管理的能力还非常有限。如果家庭教育缺失，孩子的发展也必然受限。

1. 莫让孩子对坏习惯“习以为常”

孩子形成不良的学习习惯，妈妈可能在不经意间成了“始作俑者”。

教育实践显示，小学是孩子形成学习习惯的关键期，尤其是小学低年级阶段。如果孩子能在学习态度和方法上定好位，那么即使将来步入初中、高中，也能够较快适应新的学习环境。

然而，很多妈妈从一开始就没有意识到，对于上小学的孩子来说，养成良好的学习习惯才是重点。此外，对于孩子不恰当的学习习惯，如学习的时候三心二意、做作业拖拉，有的妈妈虽然觉察到不妥，但只是一味地指责孩子不认真，却没有及时矫正并引导孩子养成正确的学习习惯。甚至有的学校要求孩子回家做完作业要妈妈检查，妈妈却以各种理由推脱，这也会给孩子造成“他们都不管我学习，我还那么听话干吗”的想法。久而久之，孩子便对坏的学习习惯习以为常了。

2. 好习惯，我们一起培养

（1）认真专注的习惯

专注是刚入学的孩子最急于养成，也是最为重要的学习习惯。妈妈们可以从以下两点入手。

第一，给孩子营造安静的学习环境。孩子学习或做作业时，家里环境要尽可能保持安静。切勿当孩子在认真写作业时，妈妈却在一旁看电视或进行打麻将之类的娱乐活动。更需要避免的是，妈妈不能在孩子写作业的时候总是催促或任意干涉，那样会让孩子对学习产生厌恶的情绪。

第二，要求在规定的时间内完成作业。妈妈可以根据孩子的作业量与他商量完成的时间，防止孩子形成边学习边玩耍的坏习惯。而如果作业量超过了孩子注意力保持的时间，也可以分割作业任务，分段完成。这样不仅有利于集中孩子的注意力，而且能够使孩子的学习有张有弛，提高学习效率，避免厌恶心理的产生。

（2）独立思考的习惯

孩子学习的目的之一是发展思维技能，而不少妈妈和教师往往忽略了这点。因此出现了许多学习成绩好，但思维能力差的“高分低能”的孩子。

因此，当孩子在学习、生活中遇到问题时，妈妈不要急于告知答案，可以与孩子一起讨论、共同设计解决方案。在这个过程中，引导孩子分析、归纳、思考解决问题的方法与程序，有助于提高孩子的思维能力和解决问题的能力。

（3）把握学习过程的习惯

一般情况，课程的学习过程分为预习、听课、复习和写作业四个阶段。因此，要让孩子高效学习，妈妈在这四个阶段都应该给予引导。当然，妈妈想二十四小时都盯着孩子学习，这是非常不现实的。授人以鱼不如授人以渔。妈妈可让孩子先了解学习的过程，真正做到课前预习、课堂专注听讲、课后复习，并认真写作业，这样才能达到事半功倍的效果。

课前预习可以为课堂学习中可能会出现的重难点提供知识储备，提高听课效果，也可以加强记课堂笔记的针对性，改变学习的被动局面。

如果认为“上课不听没关系，反正有书，课下可以再看”，那么学习效率会大打折扣。这样，不仅浪费了上课的宝贵时间，更重要的是增加了课后的学习负担。

根据遗忘曲线，新知识学习后的一两天，遗忘速度最快，然后逐渐缓慢下来。因此，对刚学过的知识，如果及时复习，可以加深和巩固对学习内容的理解，避免急速遗忘。

作业是为了及时检验学习的效果，通过做作业可以自我检测知识点的掌握情况。所以妈妈应鼓励孩子及时完成作业，也可适当地运用物质或精神奖励的方法来激励。

如何帮助孩子改掉坏习惯，养成好习惯

妈妈箴言

心理学家威廉·詹姆士说："播下一个行动，收获一种习惯；播下一种习惯，收获一种性格；播下一种性格，收获一种命运。"当我们的孩子拥有好的习惯时，我们会为他们而高兴；而当我们发现孩子养成了不良的习惯时，我们就会为之而焦急。那么怎样帮助我们的孩子改掉坏习惯养成好习惯呢？这就需要我们做家长的谨慎对待自己的习惯，严格要求自己，并且善于观察分析，及时发现孩子在生活、学习等方面的坏习惯，并帮助他们改正，养成良好的生活学习习惯。

成长故事

晓晓是大家公认的"坏"小孩，在学校上课爱讲话，爱占小便宜，

随地乱吐痰，在家里早上上学前总是丢三落四，牛奶喝一半就不想喝了，客人来了爱答不理，早上起床不叠被子，吃完晚饭不洗碗筷就坐到电视机前……

对于孩子养成的这些坏毛病，妈妈也是无计可施。

好妈妈如是说

上述案例中，晓晓的妈妈除了着急以外，还能做些什么呢？还是看看以下这些建议，看是否能帮助我们的孩子变成一个人见人爱的好孩子吧！

1. 除去坏习惯，把握“三周原则”

据科学研究发现，我们每天的日常行为中，约有5%是属于非习惯性的，其余95%的行为则是习惯性的。一个习惯的形成大约需要多长的时间呢？据行为心理学的研究发现，一个动作或一个行为，如果重复三周以上就会形成习惯，重复三个月以上就会变成更加稳定的习惯。因此要帮助孩子改掉坏习惯，就是要争取这宝贵的三周时间，在这有效的时间内帮孩子戒除坏习惯，培养好习惯。

但在这个过程中，妈妈需要帮助孩子建立起改掉坏习惯的意识，可以让孩子体会到坏习惯的不良影响。

2. 要检点自己的行为，给孩子做好表率

妈妈是孩子的第一任老师，如果妈妈自己具有一些不良的习惯，而不去改正，却单方面要求孩子改正，这样就缺乏说服力，难以达到良好的教育效果。例如，如果妈妈满口脏话，却要求孩子有气质，懂礼貌，显然孩子就不会理会；妈妈对长辈不孝敬，却要求孩子尊重妈妈，显然也是让孩子很难接受的。“为什么你们能做的事情，我却不能做？”这是很多孩子在父母要求改掉恶习时，经常出口反驳的一句话。所以，有诚意帮助孩子改正不良习惯的妈妈，请在教育孩子之前一定要好好地检点一下自己的言行举止，看看自己是否有和孩子一样需要改正的不良习惯，有则改之，如此在教育孩子的时候说起话来才有分量，才有说服力。

3. 看准目标，对症下药

也许孩子的坏习惯已经让妈妈很恼火了，但您是否用心地观察过孩子的坏习惯具体是怎样的表现？孩子也许有拖拖拉拉的坏习惯，但是他一定不会是什么时间、什么事情都拖拖拉拉，他拖的事情一定分场合。例如，平常要他打扫房间拖拖拉拉的孩子，会在自己朋友来家里玩的时候，注意整理好自己的卧室和房间里的摆设；在家没礼貌的孩子在老师面前也会显得很有礼貌；不听话的孩子也会在需要妈妈为他掏钱买东西的时候显得特别乖巧……所以，坏习惯都是有一个特定背景的，那么如何找到这个背景，给孩子对症下药，才是彻底根除孩子不良习惯的关键。

4. 注重手段，及时表扬孩子的细微进步

在帮助孩子改变不良习惯的过程中，妈妈要特别注意手段和方法。妈妈一定要有耐心，坚持不懈，不要轻易放弃。对待孩子的点滴进步，妈妈也要及时予以肯定，夸奖孩子的进步和他们追求进步的信心。孩子因为遇到困难而泄气的时候也不要指责谩骂孩子，更不要威胁孩子，以免引起孩子的厌恶和恐慌。要耐心鼓励孩子勇于克服困难，千万不能让孩子自暴自弃，否则所有的努力都将前功尽弃。

以上是帮助孩子改掉坏习惯、养成好习惯的一些简单建议。如果你的孩子存在这方面的问题，那就请试试看吧！

培养孩子良好的生活习惯

妈妈箴言

一个人幼年时代养成的习惯，对于今后的发展影响很大。正如著名教育家洛克指出的那样："我们的身体只要从小养成习惯，它们是什么都受得了的。"因此家长在教育孩子时，应当培养孩子良好的生活习惯。

成长故事

一位宝妈这样说：

我儿子今年刚上一年级，可是上了还不到一个月，我们就招架不住了。早上，让他吃早餐，他说不饿，怎么劝都不吃。离开家时，问了孩子不下五遍："东西都带好了吧？没什么遗忘吧？"孩子总是回答带齐了。可是，刚到公司，老师就打来电话，不是课本忘带了，就是文具盒没带。

到了晚上睡觉的时候，非要看动画片，已经很晚了，还是那么精神地看电视，我知道就算是在被窝他也不好好睡觉。

哎！这孩子怎么能改了这些坏习惯呢？

好妈妈如是说

孩子的良好的生活习惯是需要妈妈帮孩子慢慢培养的，以下几点建议相信对各位宝妈大有用处。

1. 饮食的习惯

生活中经常可以看到一些孩子吃饭没有规律，喜欢吃的就拼命吃，不喜欢吃的试都不试；还有的孩子爱吃零食，到了吃正餐的时候又吃不下。这些不良的饮食习惯很多都是由于妈妈溺爱孩子而养成的。

婴幼儿时期是孩子身心发展的关键时期，孩子的饮食习惯如何，对孩子的健康和智力的发展有着重要作用。因此妈妈应该培养孩子从小就有良好的饮食习惯。良好的饮食习惯包括：独立用餐、安静用餐、定时定量用餐、不偏食等。

当孩子到了独立用餐的年龄，就应该让孩子自己吃，妈妈不要再喂，否则会养成孩子的依赖性。当孩子会使用筷子时，就让孩子用筷子吃饭；当孩子吃饭时，不要一边看电视，一看用餐，也不要边吃饭边说话，在吃饭时，妈妈也不要责备孩子；除了每天给孩子加餐以外，妈妈平时不要听任孩子想吃什么就吃什么，那样会养成孩子吃零食的习惯；对孩子的进食数量要进行控制，对孩子不喜欢吃的食物，妈妈可以变着花样，把菜做成孩子喜欢的样子，妈妈也要跟孩子讲明道理，如吃了这些菜对身体有好处等。在这些方面，妈妈要做到言传身教。

2. 睡眠的习惯

良好充足的睡眠，是保证孩子健康成长的重要条件，而如何才能使孩子获得高质量的睡眠呢？那就必须使他们从小养成良好的睡眠习惯。根据一些妈妈的经验，得到下面几条建议。

（1）妈妈尽可能为孩子创设一个安静、舒适、空气清新的睡眠环境；

（2）孩子睡前不宜接受太强的刺激（比如听笑话、游戏等），也不要喝刺激性的饮料；

（3）要有意培养孩子独立睡眠的习惯；

（4）不要有意无意地养成孩子拍、哄、唱才能入睡的习惯；

（5）不要让孩子养成含手指、蒙头睡或趴着睡的习惯；

（6）要让孩子养成早睡早起的习惯。

3. 勤劳的习惯

孩子的勤劳习惯应该从小就开始培养，这不但可以训练孩子手脑的灵活性、协调性，还可使孩子养成自己的事自己做的习惯，其次，可以培养孩子的独立性，一个人若在幼年时期养成勤劳的习惯，那他将一生受益。

培养婴幼儿的勤劳习惯，应该从小就让他做自己力所能及的事，穿衣、脱衣、系鞋带、洗手帕等。孩子的自理能力开始于他能站起来的那一天。刚刚会走路的孩子，就喜欢跟着妈妈做这做那，并因为他能做事而感到自豪。此时，父母就应该教他做一些事情了。

大一些的孩子，妈妈可以要求他们做一些简单的家务事，比如：在家中，妈妈可以指导孩子浇花、扫地等，这样就可以逐渐养成孩子勤劳的好习惯。

当然，对于较小的孩子，妈妈在教他劳动技能时，还要进行安全教育，告诉孩子不要接触一些危险品。

妈妈应该牢记：无论如何儿童一定要有事可做，懒惰会导致做坏事与不受约束。如果利用做事的手段来学习有利于将来发展的必备技能，岂不更好！

4. 运动的习惯

婴幼儿形体运动，对于增强他们的机体发育和心理发育具有重要作用。接受过良好形体运动训练的儿童，体形都长得比较健壮优美，神情安定，富有生气和活力，从事活动的能力也能相应地增强。

为了培养孩子的运动习惯，妈妈应该注意以下几点。

（1）运动的内容要循序渐进

在婴儿时期，妈妈应训练孩子学习坐站走跳等基本运动技能，而在幼儿时期，则应该让幼儿接受系统的运动训练。

（2）运动的训练要综合交叉

婴幼儿的体育活动，应当与他们的日常活动有机地结合起来。例如森林浴、日光浴这些基本的运动训练，就可以和家庭与幼儿园的多种活动相互配合，这样能够收到更好的运动效果。

（3）运动的标准要因人而异

一般来说，对于那些身体素质好、没有疾病的儿童，运动的训练尽可能要全面一些；对经常患有呼吸道疾病的儿童，运动的训练要适当加以限制；对患有肝炎、肾炎、心脏病的儿童，运动的训练应该从严掌握，千万不可大意。

（4）应当随时观察儿童运动时的情绪和态度

儿童的体育运动，必须在情绪稳定、态度积极的情况下进行。如果儿童对运动持有恐惧或者抵触情绪，妈妈再强迫他们必须参加某项运动，那么不仅达不到运动的目的，而且还可能伤害孩子的身心。所以，细心观察孩子的情绪变化，不断激发他们的运动兴趣，对于帮助儿童养成良好的运动习惯是十分必要的。

5.清洁卫生的习惯

爱清洁，讲卫生，是幼儿生活教养的一项重要内容，也是培养婴幼儿良好习惯的一个不可忽视的方面。要让孩子养成爱清洁讲卫生的习惯，应当从婴幼儿时期就开始培养，要注意下面三个方面。

（1）要对孩子讲道理，让他们慢慢了解个人卫生习惯的重要性

每天早晚要刷牙洗脸，饭前便后要洗手，睡觉之前要洗脚，头发、指甲要勤修剪，这些琐事，有些孩子并不情愿去做。或许有的孩子在一开始时感到新奇，但时间长了，再坚持下去就十分困难。针对这些情况，妈妈要灵活地采用各种方法让孩子明白不讲究卫生的危害，并且要经常提醒、督促，这样才有助于孩子良好习惯的形成。

（2）要教孩子做好个人清洁卫生的具体方法

有的孩子不会顺牙缝仔细地刷牙，他们只想省事，把牙刷伸进嘴里刷几下就了事。遇到这种情况，妈妈要对孩子进行耐心地指导，还可以为孩子制作一个牙齿的模型，给孩子示范刷牙的正确方法。

（3）妈妈在教育时应该用自己的行为感染孩子

孩子刚出生时是个纯洁的个体。一旦在他们身上出现某些不良习惯，也怪不了孩子，而应在父母或他们身处的环境中找原因。有的妈妈不讲究卫生，衣服换下随处乱丢，饭前便后也懒得洗手，孩子将这些看在眼里，就不知不觉地模仿，自然也会养成坏习惯。妈妈应该切记，在生活的细节方面，妈妈的示范比说教更有效。教育孩子，实际上是父母与孩子的共同成长。

帮助孩子养成勤动笔的习惯

妈妈箴言

有句话叫“不动笔墨不读书”，虽然这种记录、摘抄的方式有点麻烦，但是这是历代学有所长者最喜欢的学习方法。因为口过心过，不如手过，用手记录一遍，一方面可以加深记忆，另一方面便于今后复习、回忆。妈妈帮孩子养成勤动笔的习惯，让孩子“过笔难忘”。

成长故事

一天，飞扬一家要出门旅游，爸爸已经发动了车子，但飞扬却突然喊停。

妈妈问他干什么去，他说："我要带上笔记本和笔。"

妈妈听了这话，会心地笑了，看样子以往的教育没白费，孩子已经养成了勤动笔做记录的习惯。

读书的时候，飞扬会把觉得有道理、有趣的句子记下来。如果是自己的书，他会在旁边写上批注。如果是借阅的书，飞扬会在笔记本上做记录。如果出门旅行，他也会带着小本子和笔，看到美丽的风景时，他会记下内心的感想。

看电视、读报的时候，飞扬也不忘做笔记，他会把一些新颖的词句、笑话记下来。学校里开运动会时，飞扬把一些精彩瞬间记录下来，投稿给校园广播站，得到了播送。

虽然每次记录都是只言片语，但是这些片段能让飞扬学会很多事情，这些记录锻炼了飞扬的写作能力，提高了他的语感和口才。

好妈妈如是说

多动笔能加深记忆，增强理解，有助于孩子把所学的零散的内容系统化、条理化，从而提高记忆效果。动笔的过程，就是理解和消化的过程。人们常说，好记性不如烂笔头，就是这个道理。

当然，不动笔墨不读书所强调的记录学习法，并非只适用于课本知识的学习，在日常生活中随处都可以用到。比如，带孩子外出参观，让孩子带上纸笔随时做记录，有利于让孩子的思想变得更深刻。孩子记录得多了，不但能积累很多知识和信息，对提高孩子的写作能力也很有帮助。

1. 读书的时候，让孩子准备好笔记本和笔

孩子读书的时候，督促孩子准备一个笔记本、一支笔，看到自己感兴趣的信息、句子，就随手摘抄下来。但是不要大段大段地摘抄，而要有选择地摘抄。看书的时候，让孩子用笔在书上做些标注，用线段或者符号把感兴趣的词句标出来。

2. 在书的空白处做上批注

阅读的时候，让孩子在书的空白处做上批注，以后翻到这里时，孩子就能想到之前看书的感受了。

3. 外出时，带上笔记本和笔

孩子都有很强的好奇心，他们外出时，经常会有新奇的发现。如果不记录下来，那些好想法、新发现就会像过眼云烟一样，很快就会烟消云散。如果孩子把新奇的发现和美好的想法记录下来，回家后翻开看，可以引发更深层次的思考。

4. 让孩子养成写日记、随笔的习惯

很多孩子都讨厌写日记，其实写日记并不是痛苦的事情。最开始的时候，妈妈可以让孩子写简单的几句话，不要打击孩子，妈妈应该明白，孩子不想写日记，很大程度上是因为觉得没什么可写。因此，妈妈有必要引导孩子去观察生活，感悟平常小事，再鼓励孩子把自己对生活的观察和感悟写出来，这样就是一篇有价值的日记了。

珍惜时间是通往成功的捷径

妈妈箴言

今天，我们的孩子身处于一个讲时间、求效率、快节奏、高速度的时代。想要立足于社会，并获得事业上的成就，必须懂得珍惜时间，并合理利用时间。但是，懂得珍惜时间以及合理利用时间并不是天生就会的，是需要后天学习和父母精心培养的。

成长故事

晓燕 11 岁，是 4 年级的学生，一般到了这个年纪，孩子都能够妥善安排自己的学习和生活，但晓燕的妈妈却为此烦恼不已。

有一次，爸爸妈妈有事外出，天黑了才回家，到家后没有看见晓燕，就到邻居家寻找。一看晓燕还在和邻居家的女孩玩游戏，既不想着回家吃饭，又没想着写作业。

妈妈很愁闷，跟同事抱怨。同事想了想问她："晓燕什么时候起床、什么时候写作业、什么时候吃饭这些是不是都是你安排和提醒她的？"妈妈说："是啊，怎么了？"同事说："这就难怪了，你没有给她灌输过时间概念，她对自己的生活节奏都不清楚，怎么能知道什么时候该回家、什么时候该写作业呢？她还等着你提醒她呢！"妈妈若有所思地点了点头。

好妈妈如是说

对孩子来说，时间是非常抽象的，学龄前后的孩子才能区分昨天、今天、明天，认识年、月、日，随着年龄的增长，孩子的时间观念不断地增强，但他们还不能真正体会到"一寸光阴一寸金，寸金难买寸光阴"的道理，不知道时间的重要性，也没有时间的紧迫感，更不用说合理安排和利用时间了，这时，就需要我们来增强孩子的时间观念，培养他们珍惜时间的良好习惯。

1. 借助故事让孩子明白时间的意义

时间是抽象的，孩子对抽象事物的理解能力很有限，所以，我们可以借助孩子喜欢故事这一点来让他明白时间的意义。

从古至今，名人珍惜时间的故事很多，我们可以搜集一些，多给孩子讲讲，向孩子慢慢渗透时间观念。

2. 帮孩子制订有规律的作息时间表

科学合理的作息规律，不仅有利于休息，还能提高做事的效率。这从富兰克林的实例中也能看出。所以，我们可以根据自己孩子的特点，帮他制订一个合适的作息时间表，其中包括什么时间起床，洗漱要多长时间，吃早餐要多少时间，放学后先做什么，然后做什么，学习时间是多久，几点睡觉等。当作息时间固定下来、孩子逐渐形成习惯之后，他不仅会对时间有一个明确的认识，还会养成珍惜时间的习惯，并想办法去抓紧时间做更多的事情。

3. 统筹安排，让时间“剩”出来

我们和孩子每天都有很多事情要做，如果非要等一件事情做完再做另外一件事情，那么时间肯定会不够用，如果我们了解事情的程序以及需要花费的大概时间，就能在一段时间内同时做好多事。这样做就是统筹安排。我们不仅自己做事时要懂得统筹安排，也要向孩子灌输这种思想并教会他如何操作。

对于这种统筹安排，孩子一开始不一定能够接受，也不一定能安排得很好，这就需要我们多给孩子一些机会让他去练习统筹安排，给他一段时间让他慢慢习惯。

4. 安排好孩子的业余时间

著名物理学家爱因斯坦说过：“人的差异在于业余时间。”人们除了每天必做的工作、学习之外，都有一些业余时间，对业余时间的利用才能真正体现出一个人的能力。

对于孩子，我们认为他要以学习为主。除了完成作业之外，我们可能会给他报作文、英语等加强班，这其实是课堂学习的延伸。孩子在这种班上不仅得不到放松，还会逐渐产生厌倦情绪。比较好的选择，是带孩子去图书馆或者书店，让他在知识的海洋中挑一些自己感兴趣的书籍读；或者报一些绘画、音乐、舞蹈等兴趣班，在这里，孩子既得到了放松，也能拓展自己的兴趣；还可以带孩子去各种博物馆之类的地方开拓眼界……无论哪种，都是要把孩子从课堂学习中带出来，让他的视野更开阔。

当然，对业余时间的利用还可以更细化，如在外出等车、坐车的时候，可以带本课外书阅读；也可以有意识地观察人或事物，这于写作是有益的；还可以一起讨论问题，进行思想交流等。总之，不要让时间在无所事事、百无聊赖中悄悄溜走。

陪孩子阅读一本有趣的书

妈妈箴言

陪孩子阅读是一件很愉快的事情，能给孩子带去很多快乐。现在的书籍印刷精美、图文并茂，生动有趣，和孩子一起翻阅这类书籍，陪孩子在书的海洋里遨游，能激发孩子的想象力，满足孩子的求知欲。

成长故事

晚饭后是刘女士和女儿的阅读时间，这是女儿很期待的事情。女儿上幼儿园之前，刘女士经常读书给她听，自从女儿上小学后，她们就开始一起读书了。有时候女儿会读书给妈妈听，朗诵得特别有感情。

一天，女儿拿着语文课本对刘女士说：“妈妈，我们一起来朗诵课文好吗？”刘女士欣然接受，她们一起朗诵了第一课《春天》，她们越读越有感情，越读越专注，就连一旁看电视的爸爸都被打动了。爸爸说：“你们母女俩读得真好，太有感情了，我也和你们一起读书吧。”接着他们三个人一起读起来。

女儿最喜欢和爸爸妈妈分角色朗读，爸爸妈妈觉得这种读书方式很好，因为它能培养孩子揣摩人物心理的能力，使孩子更好地把握角色。

书读得多了，女儿受到的影响也越来越大。当女儿不高兴、乱发脾气时，刘女士会说：“好久没有读《三字经》了。”当女儿学习开小差时，刘女士会半开玩笑地说：“子不学，断机杼。现在没有机杼，我就把画图的图纸撕掉吧。”女儿听了妈妈的话，就明白了妈妈的意思，于是就按妈妈的要求去纠正自己的行为。

好妈妈如是说

在阅读的过程中，孩子会逐渐受到书籍的影响。妈妈在感受孩子变化的同时，也会发觉自己的变化，在了解孩子内心的基础上，进入一个全新的儿童世界。这时候妈妈会发现孩子的眼光是奇妙的，孩子的心愿是单纯的，孩子的梦想是远大的。

有人说，孩子的童年是一次旅游，不是一次赛跑。因此，在陪孩子阅读的时候，要注重阅读给孩子带去的应当是乐趣，而不是过分注重实用。要把书籍的趣味性放在首位，让孩子感受到读书是一件快乐的事情，他才容易养成阅读的习惯。

适合孩子看的书：

第一类：风趣幽默的书。风趣幽默的书能给孩子带去无限的笑料，让孩子感到快乐。比如《挖鼻孔的大英雄》《花格子大象艾玛》等书，颠覆了以往人们对一些事物的认识，将平常一些看似不良的习惯，比如挖鼻孔赋予了新的意义。

第二类：富于幻想的书。孩子的想象力很丰富，如果和孩子一起阅读科普图书，能很好地引发孩子展开想象，比如《动物百科》《神奇校车》系列等书，是很多孩子喜欢阅读的。

第三类：引起孩子共鸣的书。有些图书是记录平凡生活的，书中的一些故事情节可能是孩子经历过的，或贴近孩子生活，因此，看这类书能引起孩子内心的共鸣，使孩子产生认同感，这能让孩子更好地认识生活。

第四类：充满温情的书。孩子渴望被爱，读充满温情的书，能勾起孩子对爱的向往，让孩子回味平常家人对自己的关爱，对孩子是一种爱的教育。比如《海边的早晨》《我的一家》等书，都能给孩子爱的熏陶。

家长要有意识地引导孩子进行阅读，让孩子爱上读书，愿意思考，具体可以参考以下几个方面：

1. 与孩子讨论书的内容

在孩子阅读时，针对书的内容进行讨论，可以让亲子阅读变得更生动。比如，在阅读之前，可以问孩子："你觉得这本书主要讲什么呢？"在阅读过程中，可以适时问孩子："你猜接下来会发生什么？""你认为主角应该怎么做才能避免麻烦？"让孩子自由地发言，只要孩子动脑筋思考了，说出了自己的见解，父母都应该肯定孩子。

2. 以孩子的兴趣为出发点

在给孩子选书的时候，很多妈妈会碰到一个问题：是选对孩子有用的书，还是选孩子感兴趣的书呢？其实孩子感兴趣的书就是有用的。因此，要把趣味性放在首位，因为只有当孩子对某本书感兴趣时，他才会兴致盎然地读，甚至可以百读不厌。否则，再有用的书，也会被孩子打入冷宫。

3. 多给孩子买书

妈妈不妨给孩子购买一些他感兴趣的书，摆放在他的卧室，或放在客厅。如果有书房，可以摆放在书房。除了书籍，杂志、报纸等阅读材料也可以给孩子准备一些，让家里有丰富的阅读材料，这样孩子随时都有得看。平时父母多看些书，给孩子一些积极的示范，对培养孩子的阅读兴趣也是很有帮助的。

“玩”出良好习惯

妈妈箴言

每个妈妈都希望孩子能够养成良好的习惯，但是好习惯的养成不是一朝一夕的事，是一个循序渐进的过程，而且还需要孩子的自制力。游戏是孩子最喜爱的活动，妈妈可以用游戏来引导孩子，借助“玩”培养孩子的好习惯。

成长故事

吃午饭的时间到了，华华却还在拼装积木火车，“可以等我把火车拼完再吃吗？”妈妈答应了，并蹲下身子在一旁引导孩子如何更快更好地拼装一辆满意的积木火车。事情做完了，华华和妈妈一起开始高高兴兴地吃起饭来。

好妈妈如是说

妈妈引导孩子拼装出一部满意的积木火车，孩子也就不会在吃饭的时候一直挂念着之前还未完成的事情，而是专心地吃饭了。这样既能让孩子把事情做完，又不会让孩子养成一心几用的不良习惯。

宝妈可以借鉴一下下面的建议，轻松帮宝宝养成好习惯。

1. 独立思考

要利用游戏培养孩子独立思考的习惯，妈妈可以在游戏中添加一些益智因素，促使孩子动脑筋思考问题并解决问题，因为只有这样游戏才能继续玩下去。而孩子为了不停止游戏，就会开动自己的小脑筋，想办法把拦在前进路上的问题解决掉。这个过程其实就是孩子独立思考的过程。如果每次玩游戏时都能有这个过程，那么孩子独立思考能力就会逐渐培养起来。当然，妈妈设置的问题不能太难，孩子通过所掌握的知识就能够解决，或者在妈妈的指导下能够解决，否则会打击孩子解决问题的积极性，效果会适得其反。

妈妈除了亲自和孩子玩游戏，还可以利用周末或节假日邀请孩子的小伙伴来家里做游戏，或者一起外出游玩。妈妈可以为孩子和他的小伙伴准备一些益智玩具等，还可以鼓励孩子做一些智力竞赛之类的游戏。比如，妈妈可以为孩子们准备一些谜语，以激发孩子玩的兴趣，并培养孩子的推理及想象能力，还可以让孩子们彼此出谜语，推想答案。让孩子们一起下棋也是锻炼孩子思维能力的好办法。

在游戏中，妈妈要教孩子学会思考，运用推理、比较、概括的方法，促进思维的发展；还要鼓励孩子多动手、多动口，全面促进和训练孩子的思维能力。

2. 有始有终

生活中，许多妈妈都会发现自己的孩子做事虎头蛇尾，或者干脆有始无终——玩完积木不收拾，看书看了一半又去看电视，桌子擦了两下又去看金鱼……孩子表现出来的这种行为其实是一种不良习惯，如果不及时纠正，将导致孩子一生做事浅尝辄止或半途而废，这对孩子是有百害而无一利的。

要解决这一问题，妈妈可以在游戏前和孩子定下规矩：玩完后孩子必须收拾玩具，讲完故事的书也由孩子放到书架上……否则会有一定的惩罚。当然，刚开始时，妈妈可以和孩子一起收拾玩具，慢慢地再让孩子自己收拾，这个过程是不可省略的。孩子收拾完以后，妈妈要夸孩子收拾得整齐、迅速，鼓励孩子下一次做得更好。

另外，妈妈可以引导孩子更快地做完手上的“活”，这也是鼓励孩子把事情做完的好办法。

只要妈妈能够引导孩子做事善始善终，久而久之，孩子就会逐渐养成有始有终的好习惯。

3. 珍惜时间

孩子从小具有时间观念，懂得珍惜时间，学会合理安排时间，这样长大后会更加有责任感和紧迫感。有时间观念的孩子在学习时更容易专注，做事时雷厉风行，生活中不拖延。

生活中，妈妈应该和孩子共同制定一个时间表，约定什么时候干什么事情，干多长时间。游戏也不例外。到了孩子游戏的时间，家长要遵守约定，允许孩子到时就玩，但也要让孩子知道按时停止。比如，孩子玩电脑游戏前，要事先约定 30 分钟，时间一到必须马上停止；如果不能守时，就取消一次玩电脑的机会作为惩罚。这样做，一方面可以培养孩子守时的好习惯，更重要的是让孩子懂得了约定的时间是有限制的，不能无休止地玩下去，所以要抓紧这个时间多做一些事情。这不仅让孩子知道要珍惜时间，还有利于提高孩子的做事效率。

经过一段时间这样的约定，孩子就会自然而然地养成惜时如金并看着时间做事的习惯了。

4. 井然有序

柜子里的物品杂乱无章，几种拼图混在一起，书架上的书东倒西歪，毛绒玩具躺得满床都是……这些都让爸爸妈妈头疼。孩子有这样的表现，是因为他缺乏做事井井有条的经验与习惯。

妈妈首先要做的就是让孩子知道什么东西应该放在什么位置，如书要放在书架上，每种拼图必须放到各自的盒子里等，这样才能方便下一次使用。然后再引导孩子把物品在各自的“家”里摆放整齐。最后，还要监督孩子坚持做下去，以强化初步形成的效果，直到孩子养成习惯。

比如，孩子玩完小车，妈妈可以让孩子擦擦小车，然后送小车进车库休息，并指导孩子把小车放到原来的位置，让孩子知道这样做既美观，又方便下一次取出小车。只要家长能够坚持引导孩子，孩子不仅能养成做事井然有序的好习惯，还能养成爱清洁的习惯，同时可以提高孩子的审美能力和自我照料能力。

妈妈一定要注意，如果你嫌孩子的动作慢，抢过来自己收拾，那你可就剥夺了孩子自己做事的机会，更谈不上井然有序了。所以，即使孩子收拾得很慢，妈妈也一定要耐心地等待，并给予孩子表扬。等到孩子大一些时，可以让孩子收拾玩具时照着积木盒上的还原图把积木原样装好，不但能养成孩子井井有条的习惯，也是完成了又一次的拼图，对孩子理解不同图形的组合关系，理解部分与整体的概念，都有好处。

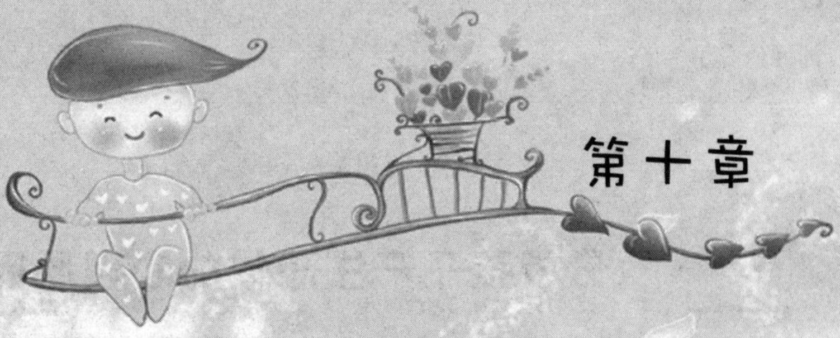

第十章

好心理：当好孩子的心灵辅导员

孩子的心理是最脆弱的，往往你说什么，孩子便会信什么。鼓励的语言会让孩子信心百倍，粗暴的呵斥会让孩子的心理受到极大的伤害。儿童时期是培养健康心理的黄金时期，影响着孩子将来的发展。所以，妈妈们一定要注意呵护孩子现阶段的心理，当好孩子的心灵辅导员。

分析孩子产生恐惧的心理原因

妈妈箴言

恐惧的心理是普遍存在的，只不过成年人懂得掩藏，而孩子则会表现得很明显。因为孩子还小，他们接触的东西很少，受到平常接触的事物以及大人谈话等的影响，容易对这个世界产生幻想。所以当孩子有了恐惧心理的时候，家长要多和孩子沟通，可以用一些科学知识来给孩子解释一些现象，减少甚至消除孩子的恐惧心理。

成长故事

郑爽是一家外企的高级主管，由于工作繁忙没时间照料孩子，只好到家政公司请了个保姆。

一次，一位同事带着女儿来家中做客。郑爽让儿子去储藏室帮妹妹把玩具汽车开出来玩，可是儿子就是不想去。郑爽很生气，当着朋友的面也没好意思训斥孩子，只好自己去储藏室把玩具汽车弄了出来。

等朋友走了，郑爽蹲下来问儿子："你怎么不去储藏室帮妹妹把小汽车开出来呢？"儿子哭着说："那里有毒蛇，它会吃了我的，我害怕。"

"宝贝，这是谁告诉你的？"

"是阿姨，阿姨告诉我的。"

原来保姆忙的时候，没时间管孩子，又怕孩子跑到储藏室有危险，故意说储藏室有吃人的毒蛇。郑爽的儿子是听话了，却再也不敢去储藏室了。

好妈妈如是说

在成长的过程中，每个孩子都会有害怕的时候。他们惊恐的眼神、委屈的小脸，真的让妈妈感到既心疼又棘手。他们一会儿抓着爸爸的手，一会儿让妈妈陪着睡，一会儿又探出头东张西望，找找有没有让自己害怕的东西。

为什么孩子总是有害怕的东西呢？为什么天黑了之后孩子就不敢一个人待在房间呢？为什么打雷时孩子就会哭呢？其实，孩子之所以害怕，都有他自己的理由。在孩子的世界里，有很多东西会让他们觉得不安全，他们在对新鲜的事物产生好奇感的同时，还会产生恐惧感。实际上，这是孩子在成长过程中普遍存在的一种心理现象。孩子所害怕的内容也会随着年龄的增长而有所变化。

比如：孩子在 5 ~ 9 个月的时候会对陌生人感到害怕；3 岁以内的孩子会很容易被巨大的声响吓住，害怕身边的人离开；孩子 7 岁了，这是一个充满想象“恐怖”的年龄，孩子对想象中的“鬼”“妖怪”，或者是看到雷电、狂风等自然界的现象也会害怕；等到孩子 8、9 岁的时候，随着知识的丰富，孩子可能会因为自己的成绩不好和假期作业没有完成而感到害怕。

总之，不管怎样，孩子恐惧心理的产生都是有一定原因的。

1.“怕！——妈妈不要我了！”

不管什么时候，孩子所产生的恐惧都和父母的突然离去有关。这种状况在年龄越小的孩子身上体现得越明显，当妈妈要去上班的时候或者是孩子上托儿所的时候，妈妈还没有走出门就可以听见孩子的号啕大哭。这个时候孩子之所以害怕，不仅仅是因为没有家人的保护，更多的是他害怕和陌生人相处。

2. “怕！——讨厌的医生要给我扎针！”

在医院里，其他孩子的哭声和人们痛苦的表情，会促使孩子对医院感到恐惧，而最后延伸到看见医院或者是穿白衣服的人，孩子都会感到恐惧。如果妈妈平日常用“听话不？你再不听话，等下医生就来给你打针了。”这样的话来恐吓孩子，会加重孩子的恐惧以及对医院的厌恶。

3. “怕！——狗狗会咬我！”

俗话说，“一朝被蛇咬，十年怕井绳”。如果孩子在生活中曾经被一些动物追过，甚至是被攻击过，那么再次见到那种动物，他们就可能会产生强烈的反应。有时孩子也会因为害怕一种动物，继而害怕所有类似的动物。比如，他们会由害怕狗而延伸到害怕四足的动物，由害怕蛇延伸到害怕会爬的动物……

4. “怕！——怎么只有我一个人？”

孩子在受到过度的恐吓或者是威胁的时候，如果没有人及时来帮助他们，他们也会感到害怕，而这种害怕会在孩子心中留下阴影。就算是孩子脱险之后，这种恐惧也不能消除。所以，孩子害怕一个人，害怕身边没有可信任的人，这些都是由那些可怕的经历引起的。

5. “怕！——他们都感到害怕了，我也怕！”

恐惧像流行感冒一样，也会在孩子中间传染。比如，两个小孩在一起玩耍，其中一个小孩看到成群的蚂蚁会大叫，那么另一个小孩也会跟着大喊。或者是妈妈在看带有恐怖色彩的电影和图书时所表现出来的惊恐，或给孩子讲鬼故事时所描绘的害怕场景，这些都会让孩子产生恐惧的心理。

提高孩子的心理承受力

妈妈箴言

有时候家长稍微训斥孩子几句，孩子就会大哭大闹，这时家长就会觉得孩子很不可理喻。其实，这只是因为孩子的心理承受能力不够强。妈妈如何帮孩子提高心理承受力呢？

成长故事

悦悦是乔燕家里的宝贝，不管是严厉的爸爸，还是爱唠叨的老妈，都对悦悦百依百顺。悦悦小的时候很乖，可是自从上了幼儿园之后，她就变得越来越爱耍脾气了。

“妈妈，这个菜不好吃，我不吃了，我要吃汉堡。”悦悦撂下碗筷对乔燕喊道。乔燕端起碗开始哄着悦悦吃，可是没吃几口悦悦又不高兴了。过了一会儿，悦悦还是不吃，妈妈实在忍不住了，就大声地呵斥了悦悦几句，没想到悦悦小嘴一撇，马上哭闹了起来。

之后，悦悦看见妈妈总是躲得远远的，甚至只要妈妈稍微大点儿声说话，她都会哭。乔燕哄好久，她才会停止哭泣。

好妈妈如是说

这类孩子习惯了家长平时对自己的和颜悦色，如果家长说出的话稍有反常，他们就会感到很委屈，把事情的结果看得很严重。如果孩子从来都没有遭受过挫折，那么他们的心理承受能力也会很弱。这样的孩子是最脆弱的。他们没有经过失败的历练，并且习惯了一帆风顺，只要稍有不顺，他们就会一蹶不振。而孩子的心理承受能力弱，一方面是被家长“惯”出来的，一方面是家长给予孩子的压力过大造成的。

家长的望子成龙，教师的期望过高，都会让孩子背负过重的压力。长期处在这种压力状态下，孩子的心理往往就会变得很脆弱。一点点的成绩下滑，都会让孩子胆战心惊。加上老师和家长的期许，会让孩子随时处于崩溃的边缘，自然心理承受能力也强不到哪里去。

孩子的心理承受能力差，除了客观原因以外，和孩子本身的性格也是有很大关系的。有时这种性格是后天形成而非遗传的，比如孩子的悲观性格、遇事喜欢逃避等，所以家长通过一些方法也是可以改善孩子的这种状况的。

1. 让孩子为自己的事情拿主意

如果孩子事事依靠妈妈，那么他永远都长不大，在独自面对一些事情的时候会表现得不知所措，这样的孩子不仅缺乏独立的意识，也没有足够的勇气和信心来战胜困难。所以，妈妈要从小就培养孩子的独立意识，是孩子的事情就要先让他们自己拿主意，甚至也可以让孩子参与到大人的讨论中来。比如，家里在装修房子的时候，妈妈可以征询一下孩子的意见，“宝贝，你的屋子你自己来设计吧。”这样不仅可以让孩子自己做主，也可以锻炼孩子的思考能力。

2. 让孩子受一点儿苦

在孩子受过一点儿苦以后，妈妈鞭策孩子坚持下去，可以提高孩子的心理承受能力。比如，在寒冷的冬天坚持让孩子跑步锻炼身体；孩子感冒发烧的时候让孩子自己去医院；再累也让孩子自己走回家，而不是父母背回家等。

让孩子适当地吃一点儿苦，鼓励孩子咬牙坚持。只有当孩子吃过苦之后，他们才会在困难来临的时候不至于逃避。

3. 让孩子帮忙解决难题

妈妈可以在生活中设定一些难题，向孩子求助，让他们帮忙解决这个难题。在孩子解决难题的过程中，妈妈可以给予必要的引导，当孩子单独解决了难题之后，妈妈要适时地表扬。这样可以有助于提高孩子的心理承受能力。比如，让孩子帮助自己给邻居送东西，孩子回来的时候妈妈可以这样说："宝贝真棒！都不怕邻居家的小黄狗，比妈妈强。"

4. 让孩子分担一点儿家务

适量地给孩子安排家务，可以培养孩子的责任意识，锻炼孩子的生存能力，从而提高孩子的心理承受能力。比如，让孩子洗自己的衣服、扫地、刷碗、择菜，等等。

5. 适当地批评孩子

没有受过妈妈批评的孩子，在学校一定受不了老师的批评。从来没有受过批评的孩子，不容易意识到自己的错误。因此当孩子把阳台上的花拔掉时，妈妈要适当地对孩子进行批评，这样可以让孩子认识到自己的错误，也可以慢慢提高孩子的心理承受能力。但是，对孩子批评的时候，妈妈也要把握好批评的次数与尺度，否则会适得其反。

怎样解决孩子交往中的嫉妒问题

妈妈箴言

幼儿园中常常出现这种情况：孩子常常会偷偷地把老师喜欢的那些孩子的东西藏起来或搞坏；在幼儿园上课时，如果老师夸奖一些孩子，另外一些孩子便会大声喊叫“我也会啊”“有什么了不起的”……这其实是孩子的嫉妒心理在作怪。这种嫉妒心理会破坏孩子之间纯洁的感情，会对孩子的人际交往造成恶劣的影响。

嫉妒心理是人类普遍存在的心理现象，孩子也不例外。当孩子出现了嫉妒心理时，父母不必惊慌失措，更不该姑息放纵，而是应该通过正面的心理教育培养孩子形成健康的心理。

成长故事

玲玲是一个非常可爱的孩子。

一个周末，玲玲妈妈的同事带着自己两岁的儿子到玲玲家玩，妈妈很热情地接待了他们，并开心地逗同事的儿子玩耍。刚开始，玲玲也挤过去亲了亲小弟弟，但没过多久，她就有些不高兴了，因为妈妈抱着小弟弟，一点儿也没有放下的意思，还又亲又笑的，她觉得自己受到了冷落。

于是，玲玲开始大声唱歌，可没人注意她，玲玲又跳起了自己最擅长的舞蹈，可还是没有人理她，终于，玲玲忍不住了，她忽然间摔坏了自己的杯子，然后坐在地板上放声大哭，把场面弄得非常尴尬。

好妈妈如是说

像玲玲一样，许多孩子在幼儿阶段都存在嫉妒心理，这很正常。嫉妒是一种很消极的负面情绪，是由于个人与他人比较而产生的一种羞愧、不满、怨恨、愤怒等组成的复杂情绪。

对于孩子来说，虽然嫉妒是一种可以理解的正常的情绪反应，但妈妈却不能放纵孩子的嫉妒情绪。如果听之任之，嫉妒情绪就会演变为人格的一部分。此外，如果孩子的嫉妒心理得不到及时纠正，就会在外界的刺激下，产生诸多不良情绪，这不仅会影响与别的孩子交往，而且对身心健康极为不利。同时，嫉妒对个人、集体和社会均起着耗损作用，是一种对团结、友爱非常不利的情绪。这种缺点如果保留到长大以后，那么孩子就很难在与他人交往中以诚相待，很难保持与他人的良好关系。

每个人都会产生嫉妒心理，并且是从儿童时期就开始了。随着人的成长和成熟，人们在认识了嫉妒情绪之后，往往会进行自我调控，因而表现就不一样了。很多孩子之所以嫉妒心强往往是由于不成熟的表现，只要引导得法，嫉妒情绪就会减少对孩子的伤害。家长可以从以下几个方面进行引导。

1. 不要经常拿自己的孩子与别的孩子对比

有些妈妈喜欢拿自己的孩子与别人家的孩子进行对比，以此作为谈资或者讨好别人的方法，常常当着孩子的面对别人说我们家孩子如何差劲，比不上你们家孩子等，这些无心的话会在孩子的心里种下嫉妒的种子。尤其是孩子在某一方面做得不好的时候，他们更容易对那些有能力做好的孩子感到嫉妒。有一次，圆圆的妈妈跟一位阿姨说，邻家女孩的卷发很可爱，可惜自己女儿的头发却是直的。没想到，第二天，圆圆就要求妈妈带自己去美发厅要把头发烫成卷发。圆圆妈妈一下子就意识到是自己的评价引发了女儿的嫉妒心理，从此之后，她再也没有评价过女儿的头发，同时非常注意不拿女儿和别的孩子做无意义的比较。

2. 寻找平复孩子嫉妒心理的方法

嫉妒心强的孩子很希望自己得到同别人一样的待遇，妈妈可以利用孩子的这种心理来引导孩子控制好自己的情绪。假如孩子嫉妒幼儿园的一个小朋友受到老师更多的表扬，妈妈可以问孩子，如果自己表现好一点的话，老师是不是会更多地表扬自己呢？通过妈妈的启发，孩子就会发现，虽然自己控制不了老师，却可以用自己更好的表现来赢得老师的表扬。这样，不但能够缓解嫉妒心理，还有助于建立孩子的自信心和自尊心。

3. 帮助孩子发现自己的长处

缺乏自信心的孩子总喜欢强调自己的弱点，而且那种低人一等的感觉更容易刺激他的嫉妒心理。对于这种情况，妈妈要帮助孩子建立自信，让孩子明白自己虽然有缺点，但同时也有优点，并让孩子为自己的优点而骄傲。当孩子为自己感到骄傲的时候，他就更容易接受别人在某方面得到比自己更多的关注。这种自信不但可以帮助孩子克服自己的嫉妒心理，更有利于他塑造自我，这才是真正值得别人艳羡的本领。

告诉孩子虚荣与攀比要不得

妈妈箴言

虚荣心是一种被扭曲了的自尊心，是自尊心过度的表现，是一种追求虚荣的性格缺陷，是人们为了取得荣誉和引起普遍注意而表现出来的一种不正常的社会情感。随着生理上的发育和社会接触面的扩大，孩子自尊心亦与日俱增，然而，这种自尊心容易被追求虚荣所扭曲。宝妈们要时刻警惕！

成长故事

“阿姨，你家住别墅吗？”岳阳在接儿子回家的时候，其中一个小朋友问。

“没有啊！怎么了？”

“可君君说，你家有一栋好大的别墅呢！”

岳阳回到家中就问儿子：“你为什么要说我们住别墅呢？”

“住别墅怎么了？我们班里很多同学家都在市中心有好几套房子呢！”君君很生气地和妈妈嚷道。

“那你也不能说咱家有别墅呀。”

“为什么不能说？我们班上的很多同学都这样说的，为什么我不能说呢？”说完，君君就气鼓鼓地回自己的屋子里了。

好妈妈如是说

不少孩子喜欢穿名牌，在同学中做出哗众取宠的举动，目的就是要显示自己，用片面的虚荣去满足自己某种好奇、好胜及自我表现的心理欲望。

贪图并追求表面的光彩，就会慢慢走向虚荣。比如不能正确地估价自己，将父母或他人的荣耀也当成自己的；因为害怕别人看不起，而不顾经济条件是否允许，在穿着打扮上互相攀比；在知识学问上，不懂装懂；总想表现出一贯正确，听不得别人对自己的批评等，这些都是虚荣心的表现。

虚荣最主要的表现就是热衷于攀比。虽然攀比心理每个人都会有，但是任何事情都是有度的，如果超过了一定的度，事情就会向反面发展。过度攀比会影响孩子的身心健康，对孩子的健康成长有很大的危害。

所以，要帮助孩子克服爱慕虚荣的缺点，改变热衷攀比的心理。具体可以参照以下做法。

1. 让孩子正确地对待舆论，正确评价自己

孩子生活在群体之中，总免不了被别人品头论足，有些评论是正确的，妈妈就应让孩子认真对待；有些评论则未免失之偏颇，妈妈就应当让孩子提高辨别力，不要凡事人云亦云，毫无主见，以免让不正确的舆论左右了孩子。

告诉孩子不仅要看到自己的长处和成绩，也要看到自己的短处和不足，对自己采取实事求是的态度，这样才可避免因过高估计自己而实际上做不到的难堪局面。

2. 教会孩子正确地对待荣誉

荣誉应当与一个人的真实努力相符，否则只能是虚假的。孩子需要得到别人的尊重，也有得到别人尊重的权利，但这种尊重必须建立在孩子真实的努力之上。要取得好成绩，一定要靠认真刻苦的学习。否则，即使赢得了“荣誉”，也不光彩，而且一旦暴露，只会受到他人的蔑视和仇视。

面子“不可没有，也不能强求”，如果孩子“打肿脸充胖子”，过分追求荣誉、显示自己，人格就会受到歪曲。同时也应正确地看待失败与挫折，“失败乃成功之母”，只有从失败中总结经验，从挫折中悟出真谛，才能做到自信、自爱、自立、自强，从而消除虚荣心。

3. 引导孩子保持一颗“平凡心”

培养孩子的“平凡心”，对遏制孩子的攀比心理有着极其深刻的价值。在引导孩子保持一颗“平凡心”的过程中，父母树立好形象是关键。

首先，必须对孩子现在的成绩、未来从事的职业等问题上保持一颗平凡心，降低对孩子的预期，实事求是地帮助孩子确定自己的人生目标。其次，让孩子学会爱和理解，教育和引导孩子爱同学、爱自然、爱劳动，提高他们爱与感受爱的意识和能力，在爱中体会生命的价值和意义。要求孩子理解他人、欣赏别人、学会沟通、谦让和合作，改善同学之间的人际关系，提高他们团结协作的能力。孩子有了一颗“平凡心”，减轻了孩子的心理负担和学习任务，他们就容易从平凡的生活中、从点滴的小事中发现快乐、感受快乐、创造快乐，从而走出攀比心理的阴影。

4. 将攀比变为动力，让孩子不断进步

孩子有攀比心理，说明孩子的内心有竞争的倾向或意识，想达到别人同样的水平或超越别人。妈妈要抓住孩子这种上进的心理，改变孩子攀比吃穿、消费的倾向，引导孩子在学习、毅力、良好习惯等方面进行攀比。同时，妈妈也可以引导孩子将攀比变成动力，告诉孩子要通过自己的努力，去实现攀比的条件。

总之，面对孩子的虚荣心、攀比心，妈妈不要视若洪水猛兽，但也不能视而不见。妈妈应积极地、适时地介入，让孩子健康成长。

青春期的孩子易滋生焦虑心理

妈妈箴言

青春期是孩子成长的一个坎儿，处在青春期的孩子总是会出现这样或那样的问题，让妈妈苦恼不已。其中，随着孩子年龄的增长，孩子生理和心理以及自我的认知都发生了巨大的变化，很多孩子这时都会滋生焦虑的心理，甚至患上青春焦虑症。

成长故事

彬彬是个很用功的孩子，一直学习很努力，成绩也不错，顺利地考上了理想的高中。

可是到了高中，彬彬变得很容易着急，看起来十分的焦虑。于是在日记中写道："我好担心自己考不上好学校，如果考不上的话，我在众人眼里就变成了地上的笨狗熊……从上学开始到高中，在我的心中只有两个字'第一'，必须'第一'，否则就会变成笨蛋，没有希望，考不上重点大学……我好难受啊！"他还经常失眠，控制不住自己的胡思乱想，无法摆脱烦躁、苦闷，患上了青春焦虑症。

好妈妈如是说

青春期焦虑症是一种将经历过的情绪体验和欲望压抑到潜意识中去的结果，对孩子的健康成长是极为不利的。在这种心理情绪的困扰下，孩子常常会处在一种焦虑不安的状态，常常对生活缺乏正确客观的认知。因此，妈妈在对孩子的教育过程中，一定要注重加强对孩子情绪、心理的疏导和教育。具体来说，妈妈可以从以下几个方面入手。

1. 帮助孩子恢复自信是治疗焦虑症的必要前提

帮助孩子树立自信，正确认识自己，相信自己有处理突发事件和完成各种工作的能力，坚信通过治疗可以完全消除焦虑疾患。通过暗示，帮助孩子恢复信心，孩子每多一点自信，焦虑程度就会降低一些，同时又反过来使自己变得更自信，这个良性循环将帮助孩子摆脱焦虑症的困扰。

2. 学校和家长应适时对进入青春期的孩子进行有关的性知识教育

妈妈应告诉他们，随着年龄的增长，他们身体上出现的一些变化，并不神秘、也不可怕，更不是什么病，而是他们走向成人的正常生理变化，是每个人都会经历的，以此来帮助孩子解除青春期的焦虑。据了解，一些开设青春期性知识教育课程的学校，学生中患青春期焦虑症的比例，要大大小于未开设此课程的学校。

3. 仔细观察孩子的平时表现，及时为孩子解压松绑

鉴别孩子是否过度焦虑，有两种方法：一种是妈妈、教师常用的经验观察法，另一种是运用心理学量表进行测量分析。凭经验观察，一般是从这样几方面进行。

（1）观察孩子的神情。孩子年龄小，不善于掩饰内心世界，他们的焦虑紧张心态往往会反映到表情上。

（2）观察孩子的行为。孩子过度焦虑紧张的时候，其行为表现常常发生较明显的变化。平时生动活泼的孩子变得“规矩”起来，平时安静乖巧的孩子突然变得烦躁起来；复习或写作业时不知所措，常常刚拿起数学书没看几页就放下，又拿起了作文本，作文写了个开头又停下来，准备做数学题。

（3）观察孩子的语言。比较外向的孩子往往能直接说出来，老师、妈妈易于发现；比较内向的孩子因为过分焦虑紧张，变得更加少言寡语。

（4）观察孩子的生理反应。多数孩子在过度焦虑紧张的时候，会产生相应的生理反应：有的不思茶饭，有的哈欠不断，有的头疼脑热，有的旧病复发。

4. 采取多种措施缓解孩子的焦虑紧张心态

当孩子出现过度焦虑紧张的症状时，需要采取多种措施缓解。

（1）音乐缓冲法。让焦虑严重的孩子经常听听舒缓、轻柔、优美的乐曲。

（2）幽默娱乐法。带孩子去听听相声，与孩子一起看看小品、幽默漫画，同孩子一道参加娱乐类活动。

（3）自我“欣赏”法。让焦虑严重的孩子坐在镜子面前，看看自己焦虑的表情，对镜中的自己倾吐心中的焦虑。

（4）后果重估法。严重的焦虑往往来自对后果的过分估计。考试焦虑的孩子往往认为考试成绩非常非常重要，少1分，天就可能塌下来。妈妈要引导孩子意识到：一次考试虽然重要，但不能说明一切，这次考不好，还有下次。

（5）整理活动法。要求孩子每天整理好自己的生活用具、学习材料。经常分配孩子干一些"整理抽屉""整理房间"之类的活儿，也能减轻孩子的焦虑情绪。

面对孩子"心理闭锁期"莫慌张

妈妈箴言

很多妈妈都会发现，原本整天活蹦乱跳的孩子，不知道从哪一天开始就像变了一个人，天天一脸的阴沉，也不知道谁招惹他了。孩子的心仿佛筑起了一道墙，孩子在墙里，家长在墙外，墙里的人不想出来，墙外的人想进却进不去。心理学家把孩子的这一时期叫作"心理闭锁期"。

成长故事

方敏是一所寄宿学校初二的学生。不仅班主任反映方敏不像以前一样活泼了，妈妈也发现女儿总是喜欢一个人待在房间，在全家一起吃饭时也是一言不发。妈妈心里十分着急，多次与方敏交流无果之后，妈妈只好带着方敏去看心理医生，医生说孩子患了“心理闭锁症”。

好妈妈如是说

孩子在小的时候，什么事情都依赖妈妈，觉得妈妈什么都会做。而随着孩子进入青春期，心理各方面迅速发展，孩子会发现：妈妈并不是完美的偶像，她也有很多的缺点和不足，也有很多不能解决的问题，并不能解答所有的问题。于是孩子不再想把什么都告诉妈妈，什么事情都向妈妈请教。有时，他更乐意跟同龄人交流。

随着独立意识的增强，他们开始凡事都想自己解决，不想再依赖妈妈，不喜欢别人再把自己当孩子，处处表现出一种成人感。于是开始对妈妈表现得冷淡，有时甚至是反抗、离家出走。所以，妈妈会觉得孩子离自己越来越远。

孩子进入青春期后，他就会在心理上对妈妈形成抵触情绪，甚至会瞧不起妈妈，觉得每天在耳朵边唠唠叨叨，感觉非常厌烦。所以，青春期的孩子就开始从崇拜妈妈的阶段过渡到“瞧不起妈妈”的阶段。

在妈妈对孩子的教育过程中，要注意分析自己孩子的具体情况，不能因孩子疏远自己而乱了阵脚，应该拿出正确的解决办法。

1. 让孩子正确对待青春期特征

妈妈要帮助孩子正确地认识第二特性征的出现是青春期正常的生理现象，不必恐慌和害羞，也没什么大惊小怪的。鼓励孩子要增强自信，懂得悦纳自己。青春期的孩子好奇心强，对很多事情和现象有强烈的探索欲，妈妈应帮助孩子，减少他心理上的神秘感，树立良好的道德行为。对青春期的孩子，在生活上和学习上应给予多一些的关心和照顾，保证充足的睡眠，因为睡眠不足，会导致记忆力衰退、注意力降低、精神疲惫、情绪低落等现象。

2. 帮助孩子正确认识压力

每个人在生活、工作、学习中都会存在一定的压力，有压力是正常现象。要学会和压力和平共处，学会缓解压力、释放压力。对孩子来说，最大的压力就是学习和人际交往两大方面。所以，妈妈要想让孩子生活得健康快乐，就别给孩子施加过多的压力。适当放低期望值，不拿自己家的孩子跟别人攀比，对孩子的能力发展不要过于急躁。当孩子觉得压力太大、心理负担太重时妈妈可以帮助孩子一起想办法抗压。

3. 教孩子学会宣泄负面情绪

当孩子感到压力太大时，妈妈可以教给他主动疏导发泄的方法，比如说出自己的体验、想法，向亲人、同学、朋友倾诉，释放郁闷。另外，哭也是一种有效地解除紧张、烦恼与痛苦情绪的方法，用眼泪抚平内心的苦痛，对身体有好处。

转移注意力，让孩子学会忘掉不愉快。比如积极参加文艺或体育活动、放声歌唱或大声喊叫、运动、写日记、做深呼吸等，也都是宣泄负面情绪的好方法。

4. 教孩子主动控制情绪，做情绪的主人

除了通过转移注意力等方法来使情绪得到一定程度的调控，还可以借助自己的力量去管理情绪。比如用自我暗示、自我激励、心理换位等方法，用积极的情绪代替消极的情绪，多想一想自己的优势和闪光点。建立阳光心态，将不良情绪转化为积极的行动。

5. 对犯错误的孩子巧妙引导、循循善诱比横加指责更有效

面对犯错误的孩子，妈妈严厉地直接批评并非聪明的方法，晓之以理、动之以情，可以化叛逆为神奇。挖掘和发现孩子的闪光点，有助于消除他的怀疑和对立情绪，改变逆反心理，从而管理情绪、掌控情绪。如果情况严重，还可以采用心理咨询的方式，辅助治疗，来培养他的健康情绪。

总之，对待孩子的“心理闭锁期”，妈妈一定不要急躁，更不可以打骂，因为孩子的心态不稳定，如果妈妈采用粗暴的手段进行教育，往往会出现与孩子对立的现象。

如何应对孩子的“青春萌动”

妈妈箴言

对于身心还未成熟的孩子来说，早恋对他们的学习和生活可能会造成很大的负面影响。很多家长把早恋当成“洪水猛兽”，一味简单“封杀”。但是，社会环境的松动和大众传媒的渲染，中学生早恋现象在校园里出现得越来越频繁，不再仅仅是私下谈论的话题。那么，作为家长又该如何去应对孩子们情感路上的小波澜呢？

成长故事

小艾和往常一样放学回到家，却没有和正在做饭的妈妈打招呼就低着头回到了自己的房间。敏感的妈妈觉得这很反常，还以为孩子身体不舒服了，就慌忙跑到小艾的房门口，可房门紧锁。

这时妈妈越发感觉不对，接着问：“小艾，你怎么了，是不是身体不舒服？”可女儿的回答是：“我没事。”

“你把房门打开我进去看看。”

迫于无奈，小艾打开了房门。“妈，我真的没事。”小艾开门后的第一句话。

“你和妈说，你到底怎么了，咦，这是什么？”妈妈看到了床上的一叠粉红色信纸连忙问道。还没等小艾反应过来，妈妈就已经拿到手看起来了。妈妈的脸色越来越难看，小艾知道这下完了，低着头不说话等待着妈妈的“狂风暴雨”。

“小艾你是不是和班上哪个男生谈恋爱了？你看看这信，上面都写些什么乱七八糟的，什么爱呀爱的。你才上中学，怎么能这样呢？怪不得你班主任最近老是打电话告诉我说你上课不专心听讲，老是开小差。是不是为这事？”妈妈焦急地问道。

“妈，对不起，我知道让您失望了。可我和小天的关系真的很好，性格相投，彼此喜欢，我觉得自己很爱他。”小艾低声地说道。

“爱？你知道什么是爱么？妈妈读书的时候，班上也有和你一样不懂事的同学，学着大人谈恋爱。可是到最后又有几个是在一起的？小艾，你现在年纪还这么小，能懂什么叫爱？你现在最大的任务就是好好学习，让自己有个好的将来。现阶段的年龄和身份都不允许你去做这样的事情。你和这个男生的事情必须彻底了断。你现在就给我在这里好好想想，要么你答应我从此不和他往来，要么我亲自去学校找他谈谈话，想好了给我答复。”妈妈说完后关上了房门继续做饭去了。

被妈妈劈头盖脸地一顿训斥之后，小艾倒在床上陷入了沉思：“为什么总说我年龄小，就不知道什么才是真正的喜欢。我现在已经十几岁了，为什么不能有喜欢的人，为什么不能和喜欢的人在一起？我喜欢谁有错吗？”

好妈妈如是说

随着社会的进步，不少妈妈其实心里已经慢慢了解，孩子步入初中，“青春萌动”是很难避免的。但伴随着“青春萌动”带来的一个个朦胧的感情和对感情的探索，却让不少父母有如临大敌的感觉。

初中生，在多数妈妈的眼里都还是个孩子。

一些经历过孩子早恋问题的妈妈满腹经验：“孩子一步入青春期就开始爱打扮起来，外表慢慢变化，心思也多起来，我就知道有问题了。”更多的妈妈担心的并不仅仅是孩子外在的变化。

孩子处在的这个年纪本来就不是个成熟的年纪，情绪不够稳定、好冲动、易动感情、自控力较差，妈妈们不认为孩子在这个年龄段能处理好自己的情感。一旦孩子陷入这样的情感中，势必会影响她的心情和学习，成绩下降也是必然的。更让妈妈恐慌的是有许多热恋中的少男少女不能控制自己的感情，过早发生两性关系，给双方身心造成最严重的损害。

孩子的心声：爸爸妈妈，我长大了！

“我长大了”这是多数孩子在面对妈妈质问为什么会早恋的情形下，最常用到的一句话。

正如一位初中生在作文中写道：“早恋，对于正处于青春期的我们来说，合情但不合理。每个人都想去尝试一下这苦涩但诱人的果实，可没有人想过尝试的后果；父母们正因为经历过，认识到了这一点，所以他们才禁止我们去尝试，但他们算漏了一步——正是因为我们没有经历过，所以我们不懂，正是因为我们不懂，所以我们才渴望去尝试。”

孩子们在进入青春期后，身体快速发育，生理需求自然产生。男孩女孩都对异性产生着好奇感，见到有好感的异性脸红心跳，希望和异性有进一步的交往。同时，他们对自己未知的感情生活、未来开始有了设想和向往，对感情生活的探索让孩子们认为自己足够成熟，能对未来有一种掌控感。

1. 正常的“青春萌动”

德国伟大诗人歌德曾经说过，“英俊少年哪个不善钟情，妙龄少女谁个不善怀春”。十五六岁正是人生的多梦季节。有时候，一个爱慕的眼神、一句动听的话语、一次偶然的接触就能叩开少男少女的心扉。

正值青春发育期的中学生，由于身体的发育和心理的变化，不可控地让自己处在一个旋涡——性发育迅速成熟与性心理相对幼稚的矛盾之中。一方面，孩子进入青春期，性发育开始，对异性产生兴趣、好奇和好感，本能地产生了互相爱慕的情感。而另一方面，“青春萌动期”性成熟带来的心理变化造成“早恋”形成的主要内部动机。这样冲突的感觉促成孩子产生一个朦胧的感情，虽然这样的情感让不少妈妈有如临大敌的感觉，但正是这种感情客观表现了人青春发育期的正常反应，也表现了孩子对于未来生活的热爱和心理的转变。

妈妈们如果能清晰认识到这点，放松紧张的心情，放下“权威”的架子，也能帮助孩子平安应对他们人生中的第一次“心跳”。

2.“洪水猛兽”不可怕

（1）多告诉孩子们一些

当孩子进入青春期，妈妈可适时、适当地对孩子进行一些婚恋方面的教育。所谓“疏胜于堵”，将知识传递给孩子，让他们有恰当的知识储备，明辨是非的能力，远远胜于粗暴制止和干涉。

传递知识的方法有很多，除了我们常用的亲子间谈话外，和孩子一起阅读、观影也是很不错的方法。就书籍或影视作品里的某些典型事件和孩子讨论，适时将作为一名成年人正确的恋爱婚姻价值观传输给孩子，既避免了正式谈话的尴尬，也有直观的事例作为参考。

（2）尊重孩子内心的感受

妈妈们其实很多也经历过这样一个情窦初开的时刻，能体会和了解喜欢一个人的感觉是美好的，孩子处于“青春萌动”的特殊阶段，心理尚不成熟，可能对于喜欢的东西很多变，不稳定，但他此刻的感受却是真实存在的。

有的妈妈因为觉得孩子还小，当孩子表现出恋爱倾向的时候，第一反应就是嗤之以鼻，甚至在语言上出现一些否认和讥讽，诸如：“这么小的孩子懂什么呀？”“一个学生整天情情爱爱的。你自己不觉得可笑呀？”这些话会深深伤害到孩子的自尊心。只有洞察孩子的内心情感，尊重孩子的感受才能真正有效地了解孩子的内心情感。

（3）警防“罗密欧与朱丽叶效应”

当有的妈妈发现孩子陷入早恋，孩子对所爱慕的对象魂不守舍时，会克制不住用讥讽、责骂甚至惩罚的方式来对待孩子，对孩子说一些过激的语言，或者以粗暴的态度训斥孩子，甚至限制孩子的交往活动和范围，体罚、压制孩子。可是事后却发现用这样简单粗暴的方式只会将孩子越推越远，强烈的逆反心会让孩子更加确定自己的选择是正确的。

其实这样的现象与莎士比亚经典悲剧《罗密欧与朱丽叶》里的情节如出一辙。心理学家们也早已发现这一规律：当出现干扰恋爱双方爱情关系的外在力量时，恋爱双方的情感反而会加强，恋爱关系也因此更加牢固。于是，为这样一个看似不符合逻辑的现象取名为“罗密欧与朱丽叶效应”。

处理得好的妈妈，往往在事情发生之初就冷静、具体地分析孩子所处的客观条件，了解孩子的真实想法，适时、适当地采用“冷处理”的方法，避免孩子有强烈的负罪感、恐惧感甚至愤怒感，这样才能为后期的沟通搭好桥梁。

（4）用“沟通”助孩子走过“雷区”

沟通是处理很多亲子问题的关键。当孩子产生恋爱情感时，随着憧憬产生激动的同时，会为伤感、社会环境压力甚至性欲的纠缠而苦恼。妈妈不但要洞察和尊重孩子的这种内心情感，还要从旁加以引导，要耐心倾听孩子的诉说，并给孩子以热情、严肃的忠告。

要告诉孩子爱情的过程除了甜蜜，更多的是种责任，并且学会自尊自爱，区分友谊与爱情的关系，使孩子对恋爱、婚姻有更进一步的认识。如果妈妈能将亲身经历和对爱情的处理方式告诉孩子，必会赢得好感与共鸣，能帮助孩子更顺利地走过“雷区”。

（5）拓宽孩子的世界

校内丰富多彩的集体活动，校外的旅游、交友、公益劳动等，既可锻炼身体，又可益智、养性。在孩子陷入“早恋”的时候，鼓励孩子根据个人兴趣，发展个人爱好，如进行集邮、读世界名著、练习写作投稿等，使课余的时间充满情趣，充满快乐，“早恋”的情感会适当减弱和转移。

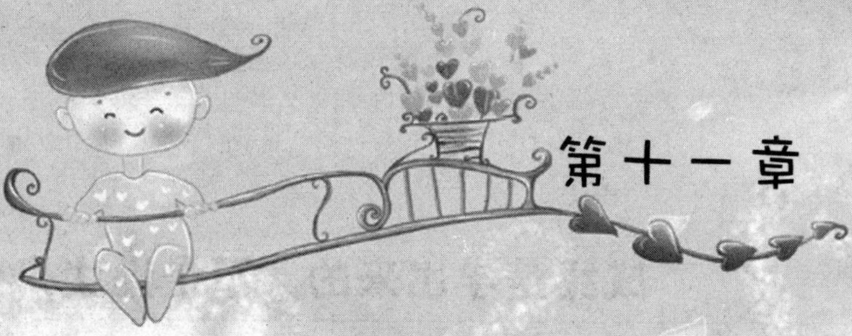

第十一章

远误区：不要用孩子的成绩成就自己的面子

有很多父母总是用自己的人生经验教导孩子该如何如何，让孩子代替自己实现未完成的梦想，弥补自己的人生遗憾，为父母争得面子，这是要不得的。父母应该珍惜孩子的独立意识，并给予鼓励和支持，使其表现出自尊、自强、自立的情感和态度。

成绩是学出来的，不是逼出来的

妈妈箴言

很多家长认为：孩子的学习成绩是被逼出来的。于是，用请家教、去补课、增加学习作业、陪读等方法去逼孩子提高成绩，可结果却收效甚微，甚至会让孩子因此而产生厌学情绪。

成长故事

琳达自认为很能教育孩子，自己孩子现在成绩不错，可是她在谈到最初的教育过程时，提到了这样一件让她很后悔的事情。

有一个周五，她们公司组织员工出去野游，孩子中午放学后，她就把他接到了公司，告诉他，把前一天老师布置的作业完成后就带他一起去野游，否则下班就带他回家，继续完成。结果，孩子一直在玩，没完成作业。琳达一狠心，下班就把他领回家了。他一路哭着求琳达："我现在就写，你带我去吧。"琳达说："不行，你今天应该学会的东西，就不能等到明天。"

事后，儿子跟别人说："我妈妈是老巫婆，总逼我学习。"弄得琳达的一位同事说她对孩子太残忍。

好妈妈如是说

孩子的学习成绩不是被逼出来的，而是要正确引导孩子提高对学习的自觉性，通过刻苦、勤奋、努力，讲究学习的方法和技巧，开发大脑的综合思维能力，来全面提高孩子的学习成绩。

成绩的好坏关键在于孩子的学习上，妈妈逼迫往往会适得其反，那么如何让孩子自觉学习呢？

1. 让孩子了解读书的目的

哈佛的教育观点认为，作为妈妈首先要引导孩子对学习自觉性的认识，提高孩子对学习目的性的认识，学习不是为了妈妈，也不是为了老师，而是为了自己，只有端正了学习态度，才能有学习的动力。其次，学习必须是脚踏实地，来不得半点虚假，更不能靠“小聪明”，而必须刻苦、勤奋、努力，弄懂、弄通、弄熟。再次，学习必须讲究方法技巧，不能“死读书”，每个人的能力有大小，大脑(包括左、右脑)的发育有早晚，每门功课的爱好不一样，因此，学习一定要取长补短，综合发展。

妈妈一定要以爱心和真诚感化孩子，以人格和学识影响孩子，这种潜移默化往往比以权压人，以势逼人来得深入、持久而有效。孩子生活在理解中，他就学会了自尊；孩子生活在宽容中，他就学会了创新。教育的根本目的在于提升人的价值、维护人的尊严、提高人的素质。素质教育天然地要求尊重人，以人为本，天然地要求宽容的精神、宽厚的态度、宽松的环境。只有这样，孩子的学习成绩上去了，孩子的身心健康、综合素质、理想教育等才能全面发展，将来才能真正成为社会有用之人才。

孩子的学习成绩不是被逼出来的，“望子成龙、愿女成凤”的妈妈们，千万要记住“孩子的学习成绩＝刻苦勤奋努力＋学习方法技巧”，要引导孩子学习的自觉性，开发孩子大脑思维性。

2. 不要逼孩子学习不喜欢的事情

孩子还小，尊重他的意愿是很有必要的。比如补习班，孩子不肯报名的原因是多方面的，如孩子某门功课成绩不好，产生厌学情绪，你给他报了，他当然不答应。另外，除了确定学科外，还要看看上课的老师是谁，教的效果怎么样，再看看孩子有没有兴趣。而且孩子学什么，要针对不同年龄段作出科学合理的安排。

巴奈特让他的孩子四岁半时就学轮滑，结果孩子一会儿说太累，一会儿说不滑了，搞得自己很烦恼，孩子也很不开心，后来不得不半途而废。可 8 岁那一年，孩子却自己提出要学，学得很开心，也很轻松，现在已是班里的轮滑小高手了。

3. 合理安排学习时间

做事情是要讲究效率的，效率不高的时候再延长时间也没有多大的作用。劳逸结合的方式我们必须要遵守，学会让孩子自己科学地安排时间，将自己一天的学习、娱乐、休息、睡眠时间科学安排下来，严格执行，养成科学运用时间、科学运筹时间的科学态度。

作为妈妈，就应该支持孩子的时间安排，把时间调整得最合理。

表面的分数和名次说明不了问题

妈妈箴言

很多家长都拿孩子的分数和名次说事，考得好，就前途光明，考不好，人生就活得不如意，这是一个很大的误区！马云经历了三次高考，也没有上过名校，不照样成了人人羡慕的亿万富翁吗？所以说，分数不能说明孩子的智力高低，也不能说明孩子将来的成就大小。分数，只是检验孩子学习成果的一种途径而已。

成长故事

女儿上二年级的时候，一次数学测验，有一道题女儿做对了，但老师批错了。结果女儿只得了 88 分，原本可以得 93 分的。女儿放学回来，流着泪告诉妈妈这件事，她说："那道题就是按老师教的做的，为什么批改错了呢？"

妈妈接过女儿的试卷，看了那道题，发现女儿做的是对的。女儿说想对老师说这件事，但又不好意思。妈妈想了想，觉得这件事不必跟老师说，但必须跟女儿讲清楚其中的道理，让女儿不再有心结。

妈妈说："女儿，有两种情况，看你怎么选择。第一种情况是，你那道题目做错了，但是老师给你批对了，结果你得了 100 分；第二种情况是，你做对了，老师批错了，只给了你 88 分，你会选择哪一种呢？"

女儿说："我会选择第二种。"

妈妈说："女儿，妈妈和你的看法一样，自己懂就行了，分数不那么重要，我们没必要太在意。"女儿点了点头表示明白了。

好妈妈如是说

许多心理学家和教育界人士都认为，在小学阶段用分数来衡量学生的优劣是不科学的，因为有这样两个原因：

第一，由于考试题目非常机械，如果家长和老师过分要求孩子考高分，那么孩子就可能把学习的目的当成考高分，而不是学习知识本身。这样孩子就可能陷入标准答案的泥潭，不再主动思考问题。

比如："1+1=？"很多孩子都说等于"2"，其实如果孩子不被标准答案圈定，而是放开思维去思考，就能发现这个问题不止一个答案，把 1+1 这个公式转动一下，就能发现它是一个"王"字。还有一个答案是

“田”字，那就是把等号也加进来，放在“王”字的旁边。由此可见，很多问题的答案不止一个，只要孩子敢于思考，就能找到很多合理的答案。

可惜很多老师和家长太重视标准答案了，孩子的答案一旦与标准答案不一样，就判错。比如，有一道题：“雪化了是什么？”有的孩子答：“雪化了是春天”，居然因为和标准答案不一样被判了一个鲜红的“叉”。

如果孩子长期受标准答案的限制，那么他们的思考力就会被压制，这对培养孩子的思维能力显然是不利的，这就是过分重视考试分数对孩子造成的一个危害。

第二，处于小学阶段的孩子，一旦得到了低分，受到消极的暗示，可能认为自己无能、糟糕。加之老师和家长的态度，很可能会让孩子产生严重的挫败感。如果经常这样，就很容易影响孩子性格的发展和阳光心态的形成。因此，父母应该改变对孩子学习的认识，不要过分强调分数和排名。

在不过分强调分数和名次的前提下，家长还需要做到以下几个方面。

1. 肯定孩子的闪光点

对孩子来说，分数并不重要，重要的是要看到孩子的闪光点。教育是培养高素质的人才，而不是培养考试机器，只要孩子心智健全、品德优秀，那么他将来就很容易适应社会的发展。许多成功人士的经历告诉我们，只要孩子健康快乐地成长，思考能力强，将来就能对社会做出贡献。因此，妈妈要学会肯定孩子好的方面，让孩子变得自信起来。

比如，有位妈妈，由于孩子成绩差，经常被老师叫到学校去谈话，可是这位妈妈却对老师说：“虽然我的孩子成绩不好，可是他的作文却写得很棒，因为他平时爱观察生活和新事物，爱阅读，爱思考。有一次，我带他去动物园，他提了很多问题，观察动物也非常仔细，回来就写了一篇游记，写得可好了。”

2. 培养孩子的思考力

爱因斯坦说过："想象力远比知识更重要，因为知识是有限的，而想象力概括着世界上的一切并推动着进步。想象才是知识进化的源泉。"由此可见，孩子的想象力、思维能力是非常重要的。或许有时候妈妈觉得孩子的想象很可笑，但实际上，许多伟大的发明在最初提出来的时候，常常被认为是可笑的，比如瓦特发明蒸汽机、莱特兄弟发明飞机。因此，千万不要用分数打磨掉孩子的想象力，不要用排名摧残孩子的思考力。

不要拿自己的孩子跟别的孩子比较

妈妈箴言

很多妈妈经常把自己的孩子跟别人家的孩子进行比较，总觉得自己的孩子不如别人家的孩子优秀，希望孩子能以别的孩子为榜样，多学习他人的优点，从而在自省自知中不断进步。然而，他们只注重"榜样的力量是无穷的"，却忽略了"人比人，气死人"所带给孩子的伤害。

成长故事

李女士参加了女儿期末考试后的家长会。父母们聚在一起，也就是说说孩子的学习，相互取取经、发发牢骚，当然也总免不了比比孩子的成绩。因为李女士的女儿一向成绩优异，大家都对她羡慕不已。这个说"看人家的孩子多让人省心"，那个说"你有什么教育孩子的好办法也教教我们"，让李女士感到很得意。

可是一公布成绩，李女士傻眼了：女儿这次很多门课程都得了B!尽管老师对李女士说，孩子只是因为马虎失误，可李女士却觉得这简直是晴天霹雳。回到家，李女士就把女儿叫到身边大声训斥起来："怎么会这么马虎，这次这么多门课程都是B!你知道我去开家长会时多没面子，别的家长还要向我取经，结果我女儿考得还不如人家呢！"

李女士的女儿很委屈，但是又不敢回话，只能在旁边哭。从此以后，李女士的女儿对于学习失去了兴趣，考试一次不如一次……

好妈妈如是说

美国微软公司创始人比尔·盖茨在给父母的一封信中写道："你们从不说我比别的孩子差，尽管我在某些方面确实不如别的孩子，可你们总是会对我说：'孩子，你不比任何一个孩子差，相信自己，你是最棒的！'正是你们阳光般的鼓励，使我拥有了强盛的自信心做动力，让自己一步步地走向成功，走向人生的辉煌！"比尔·盖茨的父母没有把他跟别的孩子比较，而是告诉他不比任何一个孩子差，从而让他拥有了走向成功的自信心。

我们要想让自己的孩子有所作为，就不要让"别人家的孩子"成为自己孩子的"宿敌"，只要孩子尽心尽力去做了，我们就应该为他高兴，就应该给予他肯定和鼓励，让他不断挑战自己，一步步走向成功。

1. 关注孩子的每一次努力

一个上三年级的孩子发出了自己的心声："我也不知道为什么，妈妈总是拿我和别人比，特别是开完家长会之后。他们既然认为别人好，那就让别人做他们的儿子呗！再说了，我也不是不想学好，我也在努力，可是他们都看不到。"

是啊，当我们这样比来比去时，又怎么会看到孩子的努力呢？其实，每个孩子都有各自不同的特质、性格、能力，不管他目前的状况是怎样的，只要他肯努力，就会不断取得进步，从而超越自己，进而建立自信，形成良性循环。

因此，我们要停止比较，而是去关注他的每一次努力以及点滴进步，并及时给予肯定、鼓励和信任，增强他的自信心。

2. 引导孩子和自己的“昨天”比

孩子需要在比较中获取前进的动力，我们不妨引导他学会与自己比，拿自己的今天与昨天比。当孩子真的这样去做的时候，他就会在不知不觉中取得小小的进步，经过长时间积累，就会获得巨大的进步。

当孩子的今天比昨天有进步时，我们要及时给予肯定、鼓励。如果孩子的今天比昨天退步了，让他知道就好，我们也不要指责、批评他，因为他成长的脚步就是呈螺旋式前进的。更何况，一个不经历挫折、失败的孩子是不会长大的。

能说会道就是口才好吗

妈妈箴言

有些孩子嘴巴甜，说话很讨人喜欢，便容易受到师长的特别宠爱。在一些家长看来，孩子能说会道就代表他具有好口才，就理所当然拥有一个美好的前程。而实际上，能说会道距离好口才还很远。

成长故事

一位妈妈说过这样一个故事：

前些天，是邻居老太太的生日，我们全家应邀来做客。老太太有个小孙子天天，四岁半了，这次也和妈妈从外地回来为奶奶过生日。小家伙特别可爱，嘴巴很甜，很讨人喜欢。我们一进门，他就热情地叫“叔叔好、婶婶好、姐姐好”，好像和我们很熟悉的样子，事实上我们才第一次见面而已。大家坐在一起聊天时，老太太抱着宝贝孙子，笑着问：“天天，想爸爸吗？”“不想！”小家伙坚定地说。“哦？为什么？”老太太不解，一脸疑惑地看着孙子。“他总是用胡子扎我。”天天皱着眉头说。“呵呵，那是爸爸喜欢你才这样做的。”老太太笑着说。我们就故意逗他，问他：“那你想谁啊？”“我想你们啊！”天天歪着头，看着奶奶笑着说。接着用小手指着屋里的人说：“我想爷爷、奶奶、叔叔、婶婶、姐姐。”屋里的人一个不差，都点到了。我们都乐得合不拢嘴。“但是你并没有见过我们啊，怎么会想我们呢？”我女儿觉得很奇怪，问小天天。“我听爷爷奶奶在电话里说过你们啊。”小天天的脑袋转得很快，巧妙地回答了我女儿的问题。“但是奶奶想你爸爸，要打电话给你爸爸，帮奶奶打好吗？”老太太说。“好。”天天爽快地答应了，立即去打电话给爸爸。“喂，爸爸。你在做什么？我好想你哦。”天天一接通电话就急着对爸爸说了一堆话，我们听了都很吃惊。“爸爸，你什么时候来奶奶家啊？你快点来啊！我好想你哦。”天天接着说。“你不是不想爸爸吗？”奶奶在一旁大声说。“我是开玩笑的。”天天有些急了，用一双大眼睛瞪了奶奶一眼。我们在旁边看着，不禁哈哈大笑。这孩子真是会“说话”啊！

好妈妈如是说

能说会道就是很会说话，一副“伶牙俐齿”的模样。而口才是在社会交际中具有说话、交谈、辩论、教导、讲演等方面的口头表达能力。它是一个人知识水平、思维能力、反应能力、表达能力的综合表现。说一个人口才好，即是说他具有以上各方面口头表达的能力。从这两者的区别来看，能说会道只是好口才的其中一点而已。而许多妈妈，看到孩子嘴巴甜，说话好听，便会认为孩子具有好口才，这只是偏颇的观点。

想让自己的孩子拥有好口才，一定要在孩子的教育方面多下功夫，培养孩子在知识、思维、反应、表达等方面的能力。

像天天这样会说话的孩子，不仅讨人喜欢，而且做起事来也很顺利，能在生活中得到很多方便。因此，做妈妈的如果听到别人夸奖自己的孩子会说话，心里肯定比吃了糖果还甜。而那些不怎么会说话的孩子，总是让妈妈很着急。其实只要孩子在正常的交流、沟通中没有问题，是否能说会道倒不必过于苛求。

有些能说会道的孩子从家长、师长赞许的目光中，领悟到了能说会道的好处，便学会了见什么人说什么话，甚至会说一些虚情假意的话。这样，反而让人觉得不真诚。孩子能够察言观色，这是一种能力，但如果把这种能力用在讨别人喜欢上，或者用在获得额外的好处上，就会误导自己，变成一个巧言令色、夸夸其谈的人。当然，虽然不能把能说会道跟好口才画上等号，但是如果运用得当，它确实会给我们的生活增光添彩。适当的时候和适当的场合，孩子用甜蜜、温暖、巧妙、精彩的语言为自己和别人的生活带来融洽和温馨，甚至化尴尬为欢笑，变平淡为精彩，也未尝不是一桩美事。妈妈应该鼓励孩子在这些方面表现得更好一些，而不是一味地允许孩子靠耍嘴皮来博得人们的青睐，达到少做点事、占小便宜的目的。当然，能说会道距离好口才还有很远的距离，想让自己的孩子拥有好口才，一定要在孩子的教育方面多下功夫，培养孩子在知识、思维、反应、表达等方面的能力。只有这样，才能使我们的孩子把嘴上功夫变为集素养、能力和智慧于一身的好口才，从而终身受益。

妈妈也要尊重孩子的个性化语言表达，别让成人化的语言进入孩子的世界，能说会道的孩子看起来比较成熟，但失去了孩子的童真。

不要把欺负别人看成是善于竞争的表现

妈妈箴言

对于孩子，我们也应该提倡鼓励正当的竞争、友好的竞争、善意的竞争，对于不利于彼此之间良好关系和友谊的恶性竞争，抑或是欺负人的行为，则要坚决制止和反对。

成长故事

“你看这孩子，又欺负别的小朋友了。”已经是第N次，小明的家长又被秦老师请进了熟悉的办公室。上一次，小明欺负的是低年级的同学，要求一个男生把新买的帽子给自己戴几天，小男生不听话，所以就给他一点颜色看看；这一次，小明把坐在前面的女同学的长发悄悄剪下了一束，让女同学哭得梨花带泪，伤心得不得了，女学生的家长很不高兴，特地跑到学校来告状。

“我们家的小明，就是淘气些，爱争强好胜。”孩子的母亲一边跟秦老师赔不是，一边自我检讨，“主要是我们家长没有管教好。”面对一个劲儿认错的家长，老师还能说什么呢？在让孩子做了深刻检讨之后，秦老师也就让家长带着小明走了。但是没过多久，小明又惹出很多麻烦来。秦老师实在不明白，这孩子到底怎么了？怎么多次教导都没有效果呢？情急之下秦老师决定对小明进行家访，看看小明的生活环境如何。

进了小明家所在的小区，秦老师便向路人打听小明家具体的位置，一个阿姨知道她是小明的老师，就悄悄诉苦说："这个孩子，从小就喜欢欺负人。但是他的父母还以为这是好事，是善于竞争，孩子不会吃亏。我们小区很多孩子都受过他的欺负！我孙子见了他就躲。"秦老师这才明白，这个学生爱欺负人，不仅恶名昭彰，还历史悠久。

到了小明家里后，小明的妈妈和奶奶热情地接待了秦老师。秦老师并没有直接说小明最近在校不好的表现，只是着重于和家长进行沟通。在谈到孩子爱打架的事情时，小明奶奶说的一番话引起了秦老师的注意。小明奶奶说："现在的社会竞争多激烈啊，要是太软弱太老实，就容易受欺负。你看我们隔壁的孩子，就是因为太老实了，上学的时候，总是受同学欺负；现在结婚了，还要看媳妇的脸色。所以，人不能弱势，否则，容易受别人欺负，什么事情都争不过人家……"秦老师听了奶奶的话心里才恍然大悟：有这么一位善于"竞争"的奶奶，孩子能不爱欺负人吗？她这时才明白，小明之所以屡劝不听，原来是因为家里人给他灌输了错误观念的关系啊。

好妈妈如是说

像小明奶奶这种把欺负人当成是善于竞争的家长，在生活中并不少见。在这样错误的观念下成长的孩子，虽然有时候会占点小便宜，得到一种虚荣心的满足，但是在成长的过程中却会为自己的行为付出应有的代价。

网络上曾经流传过一个案件：张同学从小父母离婚，跟着父亲生活。由于缺少家人的管教和监督，张同学养成了很多恶习，包括爱欺负人，爱成群结伙，爱打群架等。对此，张同学的父亲不仅不加以管教，还得意洋洋地认为自己的儿子有本事，善于竞争。张同学的父亲开了一家餐馆，遇到有顾客吃饭赖账或者批评饭菜不好时，张同学就会带着几个伙伴把客人狠狠地揍一顿。曾经有一次，一个客人说菜里有一只苍蝇，要求老板打折。张同学那时因为放暑假不用上课，在店里帮忙，听到客人的抱怨，他拿起刀就要给这个顾客颜色看，吓得人家赶紧买单走人。因为张同学的霸道，来店里吃饭的人越来越少，即使偶尔来吃一两次，也没有敢挑剔的了。张同学的父亲觉得自己的儿子真行，为餐馆出头，也给自己挣足了面子。所以当有人善意地劝他要好好管教孩子的时候，他总会很不高兴地说："我儿子能欺负人是他有本事，总比没有本事被别人欺负好。他这是竞争力强啊！"一直到张同学在一次打人事件中把他人打成残废，被公安机关逮捕判刑的时候，张同学的父亲都没有清醒意识到自己的过失。"都是他爸爸把孩子宠坏的！""都是他爸爸把孩子送进监狱的！"对于张同学被捕入狱，周围的邻居们都这样说。

这就是"欺负别人是善于竞争"的观念所带来的悲剧。那么欺负别人究竟是不是善于竞争呢？"竞争"通常的含义是指人们为了自己的利益而跟他人一起争取胜利。"欺负"则是欺凌、压迫他人的意思。很显然，像小明奶奶眼里的"竞争"根本就不是竞争，因为欺负和竞争本来就是两个不同的概念，不能混为一谈。即便是面对竞争，我们也要鼓励孩子正当地竞争、友好地竞争、善意地竞争，对于不利于彼此之间良好关系和友谊的恶性竞争，甚或是欺负人的行为，则要坚决制止和反对。

那么当我们的孩子把欺负别人当成一种喜好、一种快乐的时候，我们做妈妈应该怎么来劝导孩子呢？

（1）我们应该端正思想。俗话说，上梁不正下梁歪，妈妈在孩子教育中的示范作用不容小觑。做妈妈的千万不要让孩子有"欺负人是善于竞争"的观念，自己尤其不要在这些方面变成孩子的"表率"。

（2）要让孩子多与同学、朋友们交往，注意孩子在交往过程中的表现，发现孩子有欺负同伴的状况出现时，要及时予以指正和批评，并留意孩子是否虚心接受了妈妈的建议，避免类似事件再次发生。

（3）培养孩子正确的竞争观念，鼓励孩子在学习、生活、思想等方面和别人正当竞争，做一个积极向上的孩子。

（4）告诉孩子，竞争只对事情不对人，鼓励孩子为了某个目标，而不是为了竞争而大动干戈。

无论何时，欺负人都是极不道德的错误行为，做妈妈的千万不能把自己孩子欺负他人的行为当成是善于竞争的优点而加以鼓励，否则只会让孩子养成飞扬跋扈的坏习惯，影响孩子的正常交往和良好习惯的养成，更严重的，甚至会葬送孩子的美好未来和年轻生命。

孩子犯错，最忌父母“翻旧账”

妈妈箴言

生活中，很多妈妈批评孩子时喜欢旧账新账一起算，认为只有把孩子很久以前犯错误的老账拿出来，统统数落一番，孩子才能记住自己的错误，认识错误并加以改正。可是，这能最终解决问题吗？显然，这会让孩子更加“记仇”。

成长故事

兵兵妈妈接到了老师的电话，兵兵又惹祸了。

原来今天兵兵参加学校运动会时，为了得第一名，先后推倒了两个和他一起赛跑的同学，其中一个同学摔破了鼻子，血流不止，正在学校医务室里观察，那个孩子的家长正怒气冲冲地等着找兵兵的家长算账呢！

妈妈一听到这个事情，心里仿佛被石头堵住一样，喘不过气来，捶着胸口说：“这孩子就没有不给我闯祸的时候。”

妈妈急匆匆来到学校，在办公室里看到了老师和兵兵。老师说：“我已经批评过他了，兵兵也认错了，您就先别说他了，还是赶紧带着孩子去医务室和人家道歉吧！”

妈妈拉起兵兵就朝医务室走去，刚来到门口，就听见那个孩子说：“就是他！就是他把我推倒的，呜呜呜……”

兵兵低着头，一言不发。

那个孩子的家长看见兵兵妈妈，没好脸色地说：“您家儿子力气可真大，轻轻一推，就把我儿子弄成这样了，流了这么多血，不知道什么时候才能补回来。这又不是上战场打仗，至于那么苦大仇深吗？为了拿第一名，就可以这样伤害同学吗？”

面对对方家长步步紧逼的指责，妈妈除了赔礼道歉之外，别无他法：“是我家孩子不对，是我没教育好，太对不住了，这是500元钱，拿去给孩子买点营养品吧，我知道您不差钱，可我要是光说不做，我不就跟这孩子一样不懂事了吗！”

好说歹说，这件事才就此平息。妈妈带着兵兵回家，一进家门，她就再也控制不住了，把刚才那些唯唯诺诺、低眉顺眼全都抛开，向兵兵吼道：“你能不能不要再这样了？怎么就这么自私霸道呢！从小到大，这样的事情发生过多少次了？幼儿园时，你把同学推下滑梯，我赔了人家两千多元钱；小学一年级，你把石子丢到同学脸上，我挨了人家家长多少骂；小学二年级，你拿水彩笔在同学身上乱画，我出钱给人家买新校服；小学三年级，你看见有个小弟弟摔倒了，就故意踩他的手，被人家爸爸看见了，扇了你一耳光，我都没敢说什么；上学期，你从楼上扔玻璃瓶，怎么就那么巧，砸死了邻居家的狗，我又赔了人家5000多元钱；今天又赔出去500元钱，你当咱们家是开银行的吗？”

妈妈越说越来气，“想起这些事，我的心口就痛。你除了有事没事地给我惹祸，让我生气，还能做什么？”

“我是想比赛拿个第一名，让你开心一下。”兵兵说。

“第一名是这么拿的吗？为了第一名就可以欺负同学是吗？我才不在

乎你的第一名呢！”妈妈愤愤地说。

“那我也不在乎你的钱！又不是我让你赔钱的，每次都是你自己愿意的！”兵兵说道。

好妈妈如是说

妈妈被孩子的不良行为惹得一时气急，下意识地回想起种种过往，不吐不快，也是可以理解的，但通过不断地提醒孩子所犯的错误来批评孩子，是一种不恰当的教育方法，可能会伤害到孩子的情绪。妈妈对孩子的教育并不是要求孩子做任何事情都不能犯错误，而应该是教导他如何尽量让自己少犯错误，怎样从错误中得到经验、吸取教训，让自己争取不再犯同样或类似的错误，当孩子能做到这点时，家庭教育就算收到了很大的成效。而妈妈翻旧账的行为常常引起孩子内心的反感，错误地把妈妈的提醒看成是自己永远无法摆脱以前所犯的错误的罪证，“铁证如山”的情况下，孩子很难去改正自己的错误和缺点，最终使批评的效果大打折扣。而且长篇大论对孩子来说是非常无聊的，就算妈妈后面说的话句句在理，孩子也只会把关注点放在前面的“旧账”之上，批评教育不会因为妈妈的苦口婆心而收到理想的效果。

孩子犯点小错是再正常不过的事，这点妈妈应该可以理解，因为在我们的工作中，想必也没有百分百正确的决策和完美的执行力。那么孩子犯错时，妈妈们该怎么办呢？

1. 克制情绪，就事论事

妈妈尽量克制住自己的冲动情绪，就事论事地解决问题，一次只关注一个问题，不要去翻旧账，否则会把一个问题增加到两个甚至多个，加大解决问题的难度。

2. 批评要客观

孩子和大人——被批评者和批评者，应该处于平等的地位，正是基于这一点，妈妈才能保持态度上的严肃认真和心平气和，对孩子的教育才能立足现实的基础，做到客观公正，而不是主观地意气用事。

3. 对事不对人

让孩子心服口服地改正自己的错误才是批评的目的，只有对事不对人的批评，方可达到这种效果。如果孩子只是做错了一点小事，便被指责为道德败坏、无药可医、一无是处，孩子会做何感想？原本刚刚产生的愧疚感、后悔心全部都会因为妈妈对自己的全盘否定而变成对自己的保护、对妈妈的怨恨，更别提心服口服地去主动改正错误了。

4. 别拿以前看以后

有些妈妈经常会说出这样的话："你以前就是这样，什么都只顾着自己，一点都不会照顾别人，这回还是如此，我看啊，你以后也就这样了，没法对你抱有希望了！"这样一句话定了孩子的终生，等于是用孩子以前的错误去预言那些尚未发生的事情，不给孩子去完善、改正自己的理由和动力。批评教育的最后应该把重点放在发现孩子的长处、鼓励孩子进步的基础上，这样才能使孩子形成乐观向上的品格。

允许孩子失败，孩子才能够更成功

妈妈箴言

现在的家长都有"望子成龙""望女成凤"的期盼，这种心情可以理解。但是，孩子毕竟只是孩子，他缺乏生活的阅历和经验，还处于人生最初的摸索阶段，不可能做什么事情都是一帆风顺。试问，哪个做家长的不是在磕磕绊绊中走过来的。可以说，失败是每个孩子都必须要面临的人生课题，允许孩子失败，孩子才能够从失败中吸取经验和教训，进而取得成功。

成长故事

小瑞要参加钢琴大赛。赛前，母子俩一同精心备战。妈妈负责照顾他的生活，不干扰他的练习。临比赛时，小瑞还是紧张，结果发挥失常，没有获得任何名次。听到成绩的一瞬间，妈妈先失控了，大声说："完了，完了。"

小瑞低着头走下台后，看到妈妈的脸色，面对妈妈的斥责，心里更难过了。这次事件以后，小瑞的自信心受到了重创，再也没有信心练琴了。

好妈妈如是说

孩子在成长的过程中出现失误是常有的事。这种状况下，妈妈态度如何，决定了孩子如何看待失败。如果妈妈心态平和，认为犯错或失误不是大不了的事，并给予孩子安慰和鼓励，那么就会增强孩子的信心，使他鼓起勇气战胜挫折；相反，如果妈妈对孩子的失误难以容忍，严厉斥责，那么可想而知，孩子也会更加懊恼和苦闷，进而自暴自弃。

妈妈不允许孩子失败，是因为她们只看到了失败带来痛苦的一面，却忽略了失败的价值和意义。

挫折和失败的经验更富含成长所必须的营养，孩子也只有不断地经历失败，才能更好地获得成功。在这里也提醒广大妈妈，当你们因为孩子没有达到自己的要求而生气的时候，别忘了孩子还在成长，他有权失败。尊重孩子失败的权利，就是对孩子终将成功的信任，而这种信任，将是孩子战胜失败的勇气和动力。

那么，妈妈们在生活中应该怎么做呢？

1. 为孩子营造一个轻松的心理氛围

心理学家研究发现，在重要比赛来临的时刻，如果一味地给运动员施加压力，不但不能鼓舞士气，反而会影响到运动员的发挥水平。相反，如果将很重要的目标简单化，淡化比赛的紧张情绪，那么，运动员就会有一种如释重负的感觉，很容易发挥出自己正常的水平甚至超常发挥。与此相同，妈妈也要在孩子考试或比赛之前，为孩子营造一个轻松的心理氛围。比如，可以允许孩子适当地看看电视，适当地玩耍等，总之，要尽量使孩子脱离紧张的气氛，调整好自己的心理状态。

2. 告诉孩子，失败了没关系

生活中，妈妈常常为孩子的错误和失败担心、着急，为了避免孩子下次犯下类似的错误，就忍不住地警告孩子："你到底要这样失败多少次？"可是，妈妈们也应该想到，孩子背负着"不许失败"的压力，心理负担会更加沉重，情绪也会一直处于紧张状态，不但不能够从失败的状态中走出来，甚至还会更糟糕。

3. 把失败的权利还给孩子

当孩子已经失败了，妈妈不应该在孩子面前唉声叹气，更不应该不分青红皂白、劈头盖脸地责骂孩子。正确的方法是，告诉孩子，失败是人人都可能碰到的，勇敢、聪明的人应该从失败中吸取教训，继续努力。不要对孩子这样说："这次期末考试你一定要考好，再考砸了，你就等着挨收拾吧。"而是应该这样说："孩子，放松些，考试考得不好没关系，重要的是你尽了力。"把失败的权利还给孩子，这其中还有一个潜在的心理效应——允许孩子失败，也是对孩子能够成功的一种信任。

4. 对失败的孩子要多鼓励

"你怎么这么不争气，我怎么就生了这么笨的孩子？""你真没用！"

在孩子遭遇失败时，妈妈这样的训斥，很可能会导致孩子自暴自弃。因此，即便在孩子失败的时候，妈妈也应鼓励和称赞他，避免孩子误入歧途。妈妈不妨使用这样的语言：都怪妈妈对你关心不够，你已经取得不错的成绩，我们相信你能赶上其他同学。

每个孩子都喜欢听到赞美，因此，即使他们因为某些原因失败了，在他们情感脆弱的当口，妈妈不应忘记给他们一些鼓励的话语，让他们感受到温暖和力量，从而重振旗鼓，赢得胜利。

别人的育儿经验不是你的圣经

妈妈箴言

世界上没有两片相同的树叶，也没有两个完全相同的孩子，所以在教育上也没有一模一样的教育方式。妈妈在学习教育理论的时候，一定要懂得不能盲从，也不能死守教条。

成长故事

“哈佛女孩”刘亦婷大家都不陌生，她在 1999 年被哈佛大学全额奖学金特招录取，2003 年 6 月从哈佛大学本科毕业。在哈佛的中国本科生中，刘亦婷可能是名气最大的一位。有一本以她本人为主人公的书《哈佛女孩刘亦婷》曾经风靡中国，创下将近 200 万册的销售纪录，感动了不知多少中小学生和他们的父母。刘亦婷的成功被人们认为是家庭教育成功的范本，她的父母因著《哈佛女孩刘亦婷》以及《刘亦婷的学习方法和培养细节》，备受欢迎，受到众多家长的热捧和青睐。

于是，社会上掀起一股“哈佛女孩刘亦婷”热潮，妈妈们都期望把自己的孩子教育成像刘亦婷那样成功的孩子。有的妈妈甚至按照刘亦婷妈妈的教育方式直接套在自己的孩子身上，可是收效甚微。为什么在别人身上成功的方法在自己的孩子身上却不成功呢？这就是个体差异。要知道，你的女儿不是刘亦婷，你也不是刘亦婷的妈妈，你们的家也不是刘亦婷的家。培养孩子是一个极具创造性的工作，因为每一个人都是唯一的，所以一切他人的经验都只能借鉴，不能照搬，要根据自己孩子的特点创造出一套适合孩子的教育方法。

好妈妈如是说

教育的规律是一般的，而每一个孩子又是特殊的。每一孩子的成长都有其自身的特点，好的教养方法必须是“量身定做”的，人不可能在机械化的生产线上培养。作为妈妈想要教育好自己的子女，这个目的是好的，但不能心急，更不能将家教书中说的方法生搬硬套。

很多妈妈认为，孩子从出生就有了优劣之分，只有本身优秀的人才能生出优秀的子女，一般的家庭也只能养育一般的孩子。但事实上，遗传对孩子智力的影响，远不如它对孩子身高、体重和外表的影响那样明显。几乎绝大部分健康的儿童，在智力上都是差不多的，即使存在天赋上的差异，经过妈妈带有创新意识的教育，这种差异是看不出来的。

以教育理念闻名的老威特曾做过一个假设：如果你很幸运地生下一个天赋为 100 的天才，那么普通孩子的天赋大概只有 50，低智商的孩子大概在 10 以下了。

要是孩子都接受相同的教育，那么他们所具备的天赋优劣就决定了其命运。但实际上，每个孩子受到的教育都各不相同，有 60 的天赋的孩子，结果也许只能发挥出 30；而如果对孩子进行可以发挥其天赋

80 ~ 90 的有效教育，就算生下来天赋只有 50 的孩子，也能比天赋有 80 的孩子优秀。

其实这笔账我们都会算，天赋的优劣是一回事，能否以创新的方式激发孩子的天赋是另外一回事。妈妈要做的，就是通过科学、适合孩子的方法来教育子女，尽可能地激发他们的潜能，培养他们的学习能力和处世方式，将他们引向精英之路。

孩子身上巨大的潜能和各种各样的特质，等待着妈妈去为他创造条件来施展。不同的妈妈教育出完全不同的孩子，不是妈妈对教育的方法和技巧孤陋寡闻，而是妈妈在教育孩子的过程中照本宣科，不懂得创新。

一个善于创新的妈妈，面对相同的食物总能变换花样做出不同的美味来，对于教育孩子也是如此。在熟悉的教育技巧和方法的情况下，要善于创新，这样才能培养出优秀的孩子。比如，当孩子偶然有一次成绩考得不理想的时候，你也许跟很多妈妈是一样的，让孩子认识到失败的原因，去鼓励他继续努力，争取下次考得更好，但是鼓励的话语孩子听多了也会厌烦。遇到这样的情况，曾有一个聪明的妈妈，逆向思维，突发奇想给孩子发了一个失败奖，结果收到很好的效果，孩子的成绩也稳步上升了。当妈妈发现失败奖对孩子的激励效果很大，很容易让孩子找到信心时，于是就把这种方法沉淀到了自己的思想意识中，不管遇到什么事情她都会给孩子发奖，就在这样特色的教育下孩子一步步获得了成功。

所以，作为当下的妈妈，一定不能墨守成规，要善于在教育孩子的过程中用心思考，来点创新。会创造的妈妈，更能培养出天才。

教育不能抢跑，学习不能揠苗助长

妈妈箴言

妈妈都希望自己的孩子在班上名列前茅，于是超前教育十分盛行。但其实，教育抢跑本身是一种犯规的行为，违背了孩子成长发育的自然规律。抢跑式的超前学习必然导致过量学习，给孩子造成过大的负担，对孩子身心的发展都带来巨大的伤害，过重的负担剥夺了孩子健康成长的权利，也剥夺了孩子应有的快乐！

成长故事

最近，思琪上课没精打采，注意力涣散，总打瞌睡，成绩有下滑趋势，班里学生也反映说她平时不怎么爱和大伙玩。其实，思琪刚入学时成绩在班里还是比较好的，也特别懂事、守纪律，和同学相处融洽。而自从她的妈妈给她增加学习科目之后，她就像变了一个人似的。

妈妈每天给她安排了大量的课外作业，还给她报了奥数、剑桥少儿英语等好几个学习班，她完全没有休息和玩的时间，每天晚上都要念书做作业到 11 点多，这自然会使平时课堂表现和学习成绩受到牵连。

好妈妈如是说

一位儿童教育专家曾说过——智能的总量是相对守恒的，一种智力类型能量的升高必然伴随着另一种智力类型能量的降低。而这种降低往往体现在心理调节能力上。处于超前教育环境下的孩子，他们往往会有超人一等的优越感，而且周围亲戚朋友的夸赞和表扬也会令孩子产生虚荣心。于是，对于这样的孩子，求知不再是为了满足自己兴趣，而是为了超越别人、赢得荣誉。这些“聪明绝顶”的孩子，日后跻身于“尖子”之中一旦没能继续出类拔萃，或完成了辉煌的学业而在工作中无醒目的建树，眼前的境遇和昔日的辉煌形成的强烈反差，必将引发出各种不良的心理反应，甚至导致严重的后果。儿童的学习是由玩耍、休闲、睡眠所构成的，如果全是“学习”，没有玩耍、休闲、睡眠的消化、反刍时间的话，学习的过程就不可能完成。玩耍不仅是学习重要的组成部分，同时本身就是一种很好的学习过程。过量学习也必然占用玩耍、休闲、睡眠时间，必然对良好性格的养成、心理及生理健康带来影响。因此，多给孩子一些睡眠、玩耍的时间，减去过量的学习负担，反而有利于学习成绩和分数的提高、知识的增长，也有利于身心健康。我对妈妈的建议是，超前教育可以进行，但一定要适度，千万不能揠苗助长，事倍功半。

当然有一些超前教育的孩子取得了良好的成绩，但是这并不代表抢跑式教育就一定适用于每个孩子。孩子都有自身的特点，有些孩子5岁就具备了各方面的能力，比如自理能力、和小朋友交往的能力等，那么，提早入学也无可厚非。可有些孩子即使已经到了入学年龄，却还没做好准备。对于这样的孩子，如果妈妈让他学一些在他能力承受范围之外的东西，负担过重，不仅会影响孩子的身体健康，还会给孩子留下心理上的负担，使孩子长时间处于紧张、沉重的心理状态，对孩子的健康成长极为不利。

所以，妈妈要扪心自问，孩子做好准备了吗？自己做好准备了吗？如果妈妈都没足够的自信，那么，最好还是让孩子遵循规律顺其自然地成长。

其实，知识的学习积累不急，成绩的高低都是暂时的，只要让孩子不断地感受到学习的快乐，保持浓厚的学习兴趣，那么今后他一定会是优秀的学生。所以，妈妈们不如适当给孩子“减减负”吧，毕竟，让孩子有个快乐的童年，才是最重要的。

真正爱孩子的妈妈记住：教育抢跑不是成功的捷径，揠苗助长结不出丰硕的果实！

参考文献

[1] 吴章鸿 . 好妈妈真是好老师 [M]. 南昌 : 江西人民出版社 .2010

[2] 毕淑敏 . 妈妈是孩子最好的老师 [M]. 北京 : 新华出版社 .2010

[3] 宋洁 . 好妈妈胜过好老师大全集 [M]. 北京 : 中国华侨出版社 .2011

[4] 王廷兰 . 好妈妈与好老师——5 个博士的妈妈教学与教养经验分享 [M]. 北京 : 化学工业出版社 .2012

[5] 郗红喜 . 妈妈是孩子最好的启蒙老师 [M]. 北京 : 新世界出版社 .2013

[6] 苏爱美 . 最好的教育是无痕教育 : 一位妈妈老师 17 年无痕教育的实践 [M]. 广东 : 广东教育出版社 .2013

[7] 刘晓娜 . 爸爸妈妈应该这样做——一个幼儿园老师写给家长的 66 封信 [M]. 北京 : 中央编译出版社 .2014

[8] 林巨 . 妈妈，我可以这样吗？——林老师零伤害养育手记 [M]. 北京 : 电子工业出版社 .2014

[9] 饶雪莉 . 孩子上小学，妈妈该懂的事 [M]. 武汉 : 长江文艺出版社 . 2014

[10] 蔡颖卿 . 妈妈是最初的老师 [M]. 北京 : 漓江出版社 .2014

[11] 尹建莉 . 好妈妈胜过好老师 [M]. 北京 : 作家出版社 .2014

[12] 陈晚 . 好妈妈是天然的老师 [M]. 上海 : 华东师范大学出版社 .2015

[13] 文竹 . 好妈妈胜过好老师 [M]. 北京 : 中国商业出版社 .2016

[14] 李谞昀 . 孩子上小学了 [M]. 妈妈怎么教 . 北京 : 北京理工大学出版社 .2016

[15] 胡媛媛 . 妈妈是我的好老师 [M]. 广东 : 广东旅游出版社 .2016